전쟁도 평화도 정치도 경제도 UN에 모여 이야기해 보아요

어린이를 위한 국제기구(UN) 설명서

강창훈 글 | 허현경 그림

사계절

머리말_지금부터 함께 유엔 속으로 들어가 볼까? ● 4

1. 정부끼리의 국제기구 탄생 ● 7

2. 세계 최대 국제기구 **유엔** ● 23

3. 세계 평화는 우리가 지킨다 **안전보장이사회** ● 39

4. 모두를 위한 경제 개발 **세계은행그룹** ● 53

5. 난민에게 새로운 희망을 **유엔난민기구** ● 69

6. 지구와 함께 오래오래 **유엔환경계획** ● 83

7. 어린이가 살기 좋은 세상 **유니세프** • 101

8. 세계 유산을 지켜라 **유네스코** • 117

9. 유엔의 미래 • 131

참고 자료 • 144
국제기구 영문 이름 • 146

머리말

지금부터 함께
유엔 속으로 들어가 볼까?

　유엔(UN), 하면 가장 먼저 뭐가 떠올라? "반기문 유엔 사무총장님!" 그래, 나도 그래. 텔레비전을 통해 반기문 총장님이 활동하는 모습을 많이 보았지? 유엔 총회 때 200개 가까운 나라 대표들 앞에서 연설하는 모습, 세계 곳곳을 누비며 그곳 사람들을 만나 중요한 문제에 대해 논의하는 모습도 보았을 테지.
　반 총장님을 보며 이런 꿈을 키우고 있는 친구들이 많을 거야.
　"나도 유엔 사무총장이 되고 싶어!"
　"나도 유엔에서 세계 여러 나라 사람들과 함께 일하고 싶다."
　그래, 좋은 꿈이야. 한국을 넘어, 아시아를 넘어, 세계 무대에서 종횡무진 활약하는 모습. 생각만 해도 가슴 벅차겠구나? 부럽다! 나도 어린 시절에 너희 같은 경험을 했다면 그런 꿈을 꾸었을 텐데.
　하지만 유엔에 가면 우리가 상상하는 그런 멋진 모습만 있는 건 아니야.
　현재 지구상에는 거의 매일 나라와 나라 사이에 전쟁이 벌어지고 있어. 전쟁을 어떻게 하면 막을 수 있을까 늘 고민하는 곳이 유엔이야. 지구 온난화란 말, 한 번쯤은 들어 보았지? 지구에 환경 재앙이라는 위기가 닥치는 걸 막기 위해 뛰어다니는 일도 유엔의 몫이야.

유엔이 참 멋진 곳인 건 분명한데, 이처럼 유엔이 하는 일 중에는 어렵고 궂은일이 많단다.

그래서 난 여러분에게 유엔에서 일하는 걸 꿈꾸기 전에 유엔이 어떤 곳이고 어떤 일을 하는 곳인지를 먼저 공부하라고 말해 주고 싶어.

'난 커서 무엇이 되고 싶다.' 하고 꿈을 꾸는 것도 중요하지만, 그 꿈을 이루기 위해 하나씩 차분히 준비해 나가는 것이 더 중요해. 내가 이 책을 쓴 이유도 바로 그거란다.

이 책을 펼치는 순간, 여러분은 유엔에서 일하는 꿈을 이루기 위한 첫발을 내딛게 되는 거야. 한 페이지씩 넘겨 가며 한 발씩 계속 나아가 봐. 유엔이라는 곳이 생각보다 만만치 않다는 걸 깨닫게 될 거야. 하지만 너무 쉽게 주저앉지는 마. 여러분은 아직 어리고, 앞으로 준비할 시간도 무척 많으니까.

그럼, 지금부터 함께 유엔 속으로 들어가 볼까?

2014년 1월 강창훈

국제기구가 뭐야?

국제기구는 세계 여러 나라가 함께 만든 기구를 뜻해. 2개 이상의 나라가 의견을 모아 만들 수 있지. 나라와 나라 사이의 협력체라고 보면 돼.

전 세계에는 수많은 국제기구가 있어. 약 240개나 된다고 해. 그렇다면 문제! 그중에서 가장 규모가 큰 국제기구는 무엇일까? 정답은 바로 유엔(UN)!

하지만 유엔이 국제기구의 전부는 아니야. 유엔보다 회원국 수가 더 많은 국제올림픽위원회(IOC)도 있고, 유럽 여러 나라가 모여 만든 유럽연합(EU)도 있어. 유럽연합의 회원국은 28개국이란다(2013년 기준).

국제기구라고 해서 많은 나라가 모여야만 만들 수 있는 건 아니야. 2개 이상의 나라만 모이면 만들 수 있다고 앞에서 이야기했지? 실제로 3개 나라가 만든 국제기구도 있어. 북미자유무역협정(NAFTA)은 북아메리카의 미국, 캐나다, 멕시코, 세 나라가 서로 자유롭게 무역을 하기 위해서 만든 국제기구란다.

앞에서 말한 유엔, 유럽연합, 북미자유무역협정은 각 나라 정부의 대표들이 모여서 만든 기구야. 즉 각 나라의 정부가 주도하는 기구인 셈이지. 이런 국제기구를 정부 간 국제기구(Intergovernmental Organization)라고 해.

그렇다면 정부가 주도하지 않은 국제기구도 있지 않을까? 당연히 있어! 그런 기구를 비정부 간 국제기구(Non-Governmental Organization, 국제비정부기구)라고 해. 줄여서 NGO라고 하지. 그린피스(Greenpeace)라고 들어 보았니? 핵 실험을 반대하고 환경을 보호하기 위해 국제 활동을 벌이고 있는 대표적인 국제비정부기구야.

우리는 지금부터 정부 간 국제기구에 대해 살펴볼 거고, 그중에서도 특히 유엔의 활동에 대해 자세히 이야기할 거야.

유엔은 가장 규모가 크고 가장 하는 일도 많은 정부 간 국제기구야.

유엔의 회원국은 193개국이나 되고, 직원을 모두 합하면 12만 명이나 돼. 수많은 국제기구 중에서 왕 중의 왕이라고 할 수 있지. 그래서 유엔 하나만 잘 알면, 정부 간 국제기구가 어떤 일을 하고 어떤 성격을 지니고 있는지를 이해할 수 있어.

유엔 이전의 국제기구들

유엔은 어느 날 갑자기 뚝딱 만들어진 조직이 아니야. 오랜 시간 동안 여러 정부 간 국제기구가 탄생하여 발전을 거듭했고, 그 성과들이 모여서 오늘날의 유엔을 탄생시킨 거란다.

400년 전쯤으로 거슬러 올라가 볼까? 1618년, 유럽의 여러 나라는 종교와 영토 문제로 전쟁을 벌였어. 30년이 지나도록 전쟁이 계속되자 결국 협상을 통해 전쟁을 끝냈단다. 이때부터 유럽 여러 나라는 나라와 나라 사이에 문제가 생겼을 때 전쟁을 하는 것보다는 대화로 문제를 해결하는 것이 더 낫다는 생각을 하기 시작했어.

하지만 전쟁은 그 뒤에도 200년 동안 계속되었어. 유럽의 각국 정부들은 더욱 협력해야 한다고 생각했어. 1815년 유럽의 강대국 정부들은 '빈체제(Wiener System)'라는 강력한 협조 체제를 만들고, 그때부터 1878년까지 30차례 이상 만나 유럽의 여러 문제에 대해 논의했단다.

당시 유럽은 산업 혁명이 한창이었어. 산업 혁명은 나라와 나라 사

 이에 사람과 물자의 이동을 크게 늘렸는데, 이러한 교류를 더욱 원활하게 하려면 서로 힘을 모아야 했어. 그래서 만국우편연합(UPU), 국제전기통신연합(ITU)과 같은 국제기구가 탄생했단다. 또 산업 혁명으로 국가와 국가 사이에 농업·건강·철도·특허·저작권·관세 등 여러 문제가 생겨났는데, 이러한 문제들을 해결하기 위한 국제기구도 함께 등장했지.

 이와 같이 유럽 여러 나라는 전쟁과 산업 혁명으로 비롯된 문제를 해결하기 위해 노력했어. 하지만 이 두 가지 문제는 더 이상 유럽만의 문제가 아니었어. 유럽뿐 아니라 세계 여러 나라도 함께 모여 논의해야 할 필요가 생겼지.

1899년 네덜란드에서 제1차 헤이그 만국 평화 회의가 열렸어. 당시에는 유럽 26개 나라만 참석했지만, 8년 뒤인 1907년 제2차 회의 때는 미국과 중국, 일본 등 유럽이 아닌 국가까지 포함해서 44개 나라가 참석했지. 처음으로 유럽에 속하지 않은 나라들까지 함께 모인 거야. 이때부터 유럽뿐 아니라 세계 여러 나라가 하나의 테이블에 앉아 국제 문제를 논의하기 시작했단다.

하지만 유럽의 강대국들이 다른 대륙의 약소국에서 벌어지는 문제에 관심을 가지거나 적극적으로 나서서 그들을 도와준 건 결코 아니야. 속으로는 여전히 자신들의 이익만을 중요하게 여겼지. 고종이 특사로 파견한 이준 열사의 이야기를 들어 보았니? 이준을 비롯한 고종의 특사들은 일본의 조선 침략이 부당하다는 걸 알리려 했지만, 회의장에 들어가는 것조차 거부당했단다.

유엔, 탄생하다!

20세기에 인류는 두 번씩이나 커다란 전쟁을 겪어야 했어. 제1차 세계 대전은 1914~1918년에, 제2차 세계 대전은 1939~1945년에 일어났지. 두 번의 전쟁 모두 너무나도 참혹했어. 엄청나게 많은 사람이 죽거나 다쳤고, 부모 잃은 아이들은 길거리로 내몰렸지. 산업 시설은 물론이고 삶의 터전마저 잿더미가 되고 말았단다. 세계 각국은 전쟁이 더 이상 일어나지 않도록 막기 위해서는 지금까지와는 다른 새로운 국제기구가 필요하다고 생각했어. 그래서 생긴 게 바로 국제연맹과 유엔이야.

먼저 제1차 세계 대전 후에 탄생한 것이 국제연맹이야. 세계 60여 개 나라가 국제연맹에 가입했지. 국제연맹의 가장 큰 목표는 국제 평화와 안전을 지키는 것이었어. 제1차 세계 대전을 교훈 삼아 만든 정부 간 국제기구였으니까, 이런 목표를 가장 중요하게 여긴 건 당연했겠지? 두 번째 목표는 다양한 분야에서 국제 협력을 증진하는 것이었단다.

하지만 국제 평화와 안전을 지키고 국제 협력을 증진하는 것은, 말

인류는 두 번씩이나 큰 전쟁을 겪었어. 많은 사람들이 다치고 죽었지. 흑흑. 정말 끔찍한 일이었어.

로 하기는 쉬워도 실천에 옮기기는 어려운 일이었어. 국제 평화가 위협을 받는 상황이 닥쳐도 회원국들은 저마다 자신들에게 유리한 주장만 했어. 또한 국제연맹에서 내린 결정은 반드시 지켜야 하는 것이 아니었기 때문에 몇몇 회원국이 다시 전쟁을 일으켜도 효과적으로 대응할 수 없었어.

결국 국제연맹은 식물인간처럼 되고 말았어. 1930년대에 독일, 이탈리아, 일본이 국제연맹에서 한 약속을 어기고 군사력을 다시 키웠지만, 국제연맹은 이 세 나라를 막을 방법이 없었어. 결국 세 나라는 국제연맹에서 탈퇴하고, 1939~1945년 제2차 세계 대전을 일으켰단다. 세계 여러 나라는 제1차 세계 대전을 교훈 삼아 국제연맹을 만들었지만, 그렇게 탄생한 국제연맹조차도 전쟁을 막을 수 없었던 거지.

제2차 세계 대전 기간 동안 세계 여러 나라는 국제연맹의 활동에 대해 반성하기 시작했어. 국제연맹 같은 기구로는 세계의 평화와 안

유엔 헌장

우리 연합국 국민들은 우리의 일생 중에 두 번이나 말로는 다 할 수 없는 슬픔을 인류에 가져온 전쟁의 불행에서 다음 세대를 구하고, 기본적 인권, 인간의 존엄과 가치, 남녀 및 대소 각국의 평등에 대한 신념을 재확인하며, 정의와 조약 및 기타 국제법을 통해 발생하는 의무에 대한 존중이 계속 지켜질 수 있는 조건을 확립하며, 더 많은 자유 속에서 사회적 진보와 생활 수준의 향상을 촉진할 것을 결의하였다. (후략)

전을 보장할 수 없다고 생각한 거지.

제2차 세계 대전은 영국, 프랑스, 미국을 비롯한 연합국과 독일, 이탈리아, 일본 등의 추축국, 이렇게 두 진영으로 나뉘어 싸운 전쟁인데, 연합국 측은 1941년에 국제연맹의 기능을 보완할 새로운 정부 간 국제기구를 창설하기로 했단다. 그 결과 탄생한 것이 바로 유엔이야.

1941년 8월 연합국 대표들은 '대서양 헌장(Atlantic Charter)'을 선포하고 국제연맹을 대신하여 새롭고 보편적인 기구를 만드는 것에 동의했어. 1942년 1월 '대서양 헌장'을 토대로 해서 '유엔 헌장'을 완성했지.

1945년 샌프란시스코에 모인 50개국의 대표단은 '유엔 헌장'을 만장일치로 통과시켰어. 각국 대표들은 회원국의 주권이 동등하다는 원칙과 평화를 사랑하는 국가라면 모두 회원국이 될 수 있다는 원칙에 동의했지. 유엔은 이렇게 해서 탄생한 거란다.

유엔을 해부해 보자!

유엔은 총회, 안전보장이사회, 경제사회이사회, 국제사법재판소, 신탁통치이사회, 사무국 등 6개 부문으로 이루어져 있어. 이 중에서 가장 힘이 센 조직은 안전보장이사회야. 안전보장이사회는 구속력이 있는 결의안을 낼 수 있어. 회원국들은 이 결의안을 반드시 따라야 하고, 그렇지 않으면 제재를 받을 수 있지.

이 점이 국제연맹과 유엔의 가장 큰 차이점이야. 국제연맹은 결정 사항을 회원국에게 강요할 수 없고 다만 권고만 할 수 있다고 했지? 하지만 유엔은 달라. 유엔의 안전보장이사회는 결정 사항을 회원국들에게 강요할 수 있어. 이렇게 국제연맹보다 유엔의 힘이 더욱 커진 건, 세계 대전의 뼈아픈 경험을 다시는 겪지 않기 위해서야.

위에서 말한 6개 조직 말고도 유엔에는 수많은 기구들이 있어. 그 기구들은 크게 세 부문으로 나누어 볼 수 있어. 유엔 산하 기구, 유엔 전문 기구, 유엔 독립 기구가 그것이지.

유엔 산하 기구란 유엔에 직접 속한 기구를 말해. 총회에서 회의를 해서 만들고, 사무국에 소속되어 업무를 수행한단다. 하지만 유엔 산하 기구만으로는 유엔의 다양한 업무를 모두 처리할 수 없어. 유엔에 직접 속하지 않은 기구들과도 협력해야 하지. 유엔이 협력 관계를 맺은 기구는 유엔 전문 기구와 유엔 독립 기구, 이렇게 두 가지로 나누어 볼 수 있어.

유엔 전문 기구란 전문 분야별로 각 나라의 정부들 사이에 협력을 하기 위해 설립한 기구야. 전문 기구는 유엔 사무국과 완전히 분리되어 운영되지만, 기구의 대표자는 유엔 사무총장이 의장을 맡는 이사회에서 임명해. 유엔의 반(半)독립 기구라고 할 수 있지. 유엔 독립 기구라는 것도 있는데, 유엔과 협력을 할 뿐 완전히 독립적인 기구야. 세계무역기구(WTO)와 국제원자력기구(IAEA) 등이 여기에 속한단다.

유엔의 주요 기구들

전문 기구
유엔식량농업기구, 유엔교육과학문화기구, 국제민간항공기구, 국제통화기금, 국제노동기구, 세계지적재산권기구, 세계보건기구, 유엔공업개발기구, 국제농업개발기금, 국제해사기구, 세계기상기구, 국제전기통신연합, 만국우편연합, 세계은행, 세계관광기구

총회
- 안전보장이사회
- 경제사회이사회
- 국제사법재판소
- 신탁통치이사회
- 사무국

독립 기구
세계무역기구, 국제원자력기구

정부 간 기구
아시아개발은행, 경제협력개발기구

산하 기구
세계식량계획, 유엔환경계획, 유엔인간정주계획, 유엔마약범죄사무소, 구유고국제형사재판소, 르완다국제형사재판소, 유엔인구기금, 유엔대학, 국제공무원위원회, 국제해양법재판소, 유엔사막화방지협약사무국, 유엔무역개발회의, 유엔합동감시단, 유엔인권최고대표사무소, 유엔아동기금, 유엔개발계획, 유엔팔레스타인난민구호기구, 유엔기후변화협약사무국, 국제무역센터, 유엔난민고등판무관실, 유엔직원합동연금기금, 유엔봉사단, 유엔사업지원사무소

이 유엔 기구들은 유엔과 관련이 크기도 하고 작기도 하지만, 모두 유엔의 업무를 수행하거나 보조하면서 중요한 역할을 하고 있지.

한국은 유엔에 언제 어떻게 가입했을까?

한국은 사무총장을 배출할 정도로 유엔에서 중요한 역할을 하는 나라야. 하지만 유엔에 가입한 건 무척 최근의 일이란다. 한국은 1991년에야 유엔에 가입했어. 193개국 중에서 161번째로 말이야. 한국의 유엔 가입은 왜 그렇게 늦어진 걸까?

한국이 유엔에 가입하겠다고 신청서를 낸 건 1949년이었어. 1948년에 대한민국 정부를 수립하고 나서 1년 뒤의 일이었지. 하지만 소

련(지금의 러시아)을 비롯하여 북한과 외교 관계를 맺고 있는 나라들이 반대했기 때문에 오랜 시간 동안 가입을 할 수 없었단다. 북한 역시 미국과 그 동맹국들의 반대로 가입할 수 없었지.

그럼 한국과 북한이 함께 가입하면 되지 않겠느냐고? 북한은 함께 가입하는 걸 반대했어. 남북한이 통일되지 않은 채로 유엔에 가입하면 영원히 분단국가가 될 수 있다고 주장했지. 하지만 서독과 동독처럼 따로 가입한 뒤에 통일된 경우도 있어. 결국 1991년 한국은 북한과 함께 유엔에 동시에 가입하게 되었단다.

가입 순서는 한국과 북한 중에 누가 더 빨랐을까? 나라 이름의 알파벳 순서에 따라, 북한(Democratic People's Republic of Korea)이 160번째, 대한민국(Republic of Korea)이 161번째 회원국이 되었단다.

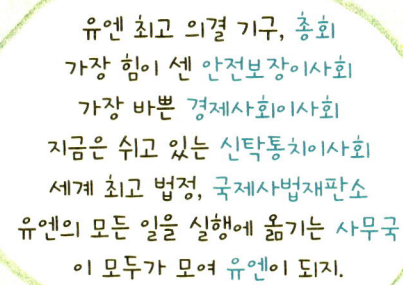

유엔 최고 의결 기구, 총회
가장 힘이 센 안전보장이사회
가장 바쁜 경제사회이사회
지금은 쉬고 있는 신탁통치이사회
세계 최고 법정, 국제사법재판소
유엔의 모든 일을 실행에 옮기는 사무국
이 모두가 모여 유엔이 되지.

세계 최대 국제기구

유엔

유엔의 주요 조직을 소개할게!

나, 유엔은 6개 조직으로 이루어져 있어.

나는 세계의 중요한 문제들에 대해 회의하고 결의안을 만들어 통과시키는 일을 해.

총회

나는 유엔에서 가장 힘이 세. 세계의 평화와 안전 문제는 나한테 맡기라고!

아마 유엔에서 내가 가장 바쁠걸? 다양한 문제들을 조사하고, 보고서도 만들고, 하는 일이 많아!

안전보장이사회

경제사회이사회

유엔 최고 의결 기구, 총회

2013년 9월 17일 화요일 오후 3시 미국 뉴욕의 유엔 본부 총회의장. 150여 개 회원국이 파견한 유엔 대사들이 모두 한자리에 모여 제68차 유엔 총회를 시작했어. 총회가 가장 먼저 한 일은 개회 1주일 뒤인 9월 24일부터 각국 대표들의 기조연설을 듣는 것이었어. 이 해에는 브라질 대표가 첫 번째로 연설을 시작했어. 유엔 본부가 있는 미국의 대표가 두 번째 연설자로 나섰지. 각 나라마다 15분 이하의 시간을 줘.

그러니까 참석한 회원국 대표의 기조연설을 모두 들으려면 며칠은 걸리겠지?

각국 대표의 기조연설이 모두 끝나자, 드디어 본격적인 회의가 시작되었어. 2주 동안 전체 회의를 한 뒤, 유엔 대사들은 6개의 위원회로 나뉘어 좀 더 구체적인 안건을 논의했지.

총회는 유엔의 회의 중에서 가장 큰 회의야. 1년에 한 번 열리지. 매년 9월 셋째 주 화요일에 시작해서 12월 중순쯤까지 3개월가량 진행한단다. 유엔은 국제 평화와 안전, 인권, 자유 등 세계에서 일어나는 거의 모든 문제를 다 다뤄. 총회의 가장 중요한 역할은 세계의 여러 문제를 논의하고 결의안을 만들어 통과시키는 거야.

결의안이란 무엇일까? '우리 193개 회원국들은 앞으로 이렇게 하자!'라고 함께 약속하는 거라고 생각하면 돼. 결의안이 통과되려면 전체 회원국 가운데 3분의 2 이상이 찬성해야 한단다.

총회는 그밖에도 유엔의 예산을 정하고, 새로 회원국이 되려는 나라들을 가입시킬지 말지 논의하기도 해.

유엔 총회가 하는 일을 보면, 우리나라의 국회와 비슷한 것 같아. 각 지역과 전국에서 뽑힌 국회 의원들이 모여 국회를 여는 것처럼, 각국 유엔 대사들이 자기 나라를 대표하여 유엔 본부에 모여 총회를 열지. 국회에서 법안을 통과시키는 것처럼 총회에서는 결의안을 통과시키고 말이야.

하지만 국회와 유엔 총회는 다른 점이 하나 있어. 국회에서 정한 법은 무조건 따라야 해. 즉 '구속력'이 있지. 하지만 유엔 총회의 결의안은 구속력이 없단다. 혹시 결의안을 지키지 않는 나라가 있더라도 그 나라가 불이익을 당하는 일은 없다는 뜻이야. 그럼 세계 대전 같은 큰 전쟁을 어떻게 막느냐고? 걱정하지 않아도 돼. 유엔에는 총회보다 더 강력하고 구속력을 지닌 조직이 따로 있으니까. 그게 바로 안전보장이사회야.

유엔에서 가장 힘이 센 안전보장이사회

안전보장이사회는 세계의 수많은 문제 중에서 가장 중요하고, 또 빨리 처리해야 하는 문제들을 논의하는 조직이야. 세계 평화와 안보에 관한 문제를 주로 다루지. 전쟁이 일어나면 침략을 당한 나라를 도와주기도 하고, 한 나라 안에서 내전이 발생하면 평화유지군을 파견하기도 해. 참혹한 학살이 일어나면 국제형사재판소를 통해 학살자들을 처벌하기도 한단다.

안전보장이사회는 아무 회원국이나 들어갈 수 있는 조직이 아니야.

유엔 소속 국가들 가운데 15개 국가만 들어갈 수 있지. 5개의 상임 이사국과 10개의 비상임 이사국으로 이루어져 있어.

상임 이사국은 미국, 영국, 프랑스, 러시아, 중국 등 5대 강대국의 차지야. 이 나라들은 1945년 유엔이 창립된 뒤 한 번도 바뀌지 않고 자기 자리를 그대로 차지하고 있어.

그런데 상임 이사국은 왜 미국, 영국, 프랑스, 러시아, 중국이 차지했을까? 유엔은 제2차 세계 대전 당시 연합국을 중심으로 만든 국제기구라고 했지? 연합국 중에서 가장 강했고 유엔 창립을 주도했던 나라가 바로 이 5개국이란다. 그런데 이 5개 상임 이사국을 질투하는 나라도 있어. 바로 독일과 일본이야. 독일과 일본은 제2차 세계 대전의 패전국이라 당연히 상임 이사국이 될 수 없었어. 하지만 지금은 시간이 흘러 둘 다 경제 대국이 되었고, 유엔에 내는 분담금도 미국 다음으로 많아. 그래서 자기들도 상임 이사국에 끼워 달라고 주장하고 있지. 두 나라의 주장이 실현될지는 아직 알 수 없단다.

상임 이사국과 달리, 비상임 이사국 10개국은 2년마다 바뀐단다. 유엔 총회에서 투표를 해서 10개 나라를 뽑도록 되어 있지. 여기에는 '지역 배분 원칙'이라는 게 있어. 반드시 아프리카 3개국, 라틴 아메리카 2개국, 아시아 2개국, 동유럽 1개국, 서유럽 및 기타 2개국이 나누어 차지하도록 되어 있지. 우리나라는 1996~1997년에 처음으로 비상임 이사국이 된 적 있어. 그리고 2012년 10월 한 번 더 선출되어 2013~2014년에도 2년 동안 비상임 이사국의 역할을 하게 되었단다.

안전보장이사회는 15개 국가로 이루어진 조직이지만, 193개 회원국으로 이루어진 총회보다 훨씬 더 힘이 세단다. 앞에서도 말한 것처럼 총회의 결의안은 구속력이 없지만, 안전보장이사회의 결의안은 구속력이 있기 때문이야.

그런데 안전보장이사회 안에서도 차별이 존재한단다. 결의안을 통과시키려면 15표 중에서 9표가 필요해. 그런데 아무리 많은 찬성표가 나와도, 상임 이사국 중 단 하나의 나라라도 반대를 하면 결의안을 통과시킬 수 없단다. 그건 상임 이사국 5개국에게 거부권이란 것이 있기 때문이야. 차별이 너무 심한 것 같지 않아?

하지만 그럴 만한 이유가 있단다. 만약 거부권이 없다면 어떻게 될까? 한 강대국이 자기네 나라의 이익을 추구하기 위해 다른 친한 국가들과 짜고 자기네 나라에 유리한 결정을 내릴 수도 있겠지? 거부권은 이익이 하나의 강대국에 쏠리는 걸 막기 위해 만든 제도란다. 거부권이 있어서 서로 견제하고 균형을 이룰 수 있는 거지.

유엔에서 가장 바쁜 경제사회이사회

경제사회이사회는 유엔에서 가장 많은 일을 하는 조직이야. 예산도 가장 많이 사용하지. 모두 54개국의 이사국으로 구성되어 있어. 임기는 3년이고, 매년 총회에서 18개 이사국을 새로 뽑아 교체한단다. 54개국의 이사국 대표

들은 1년에 한 번씩 만나 회의를 해. 뉴욕과 제네바에서 번갈아 가며 회의를 하지. 하지만 안전보장이사회처럼 발언권이 센 나라가 따로 있는 건 아니야. 모든 결정은 다수결로 한단다.

경제사회이사회는 금융·노동·아동·환경·식량 등 다양한 문제를 조사하여 보고서를 작성하고, 협약을 마련하고, 여러 나라 사이의 갈등을 조정하는 역할을 해. 유엔개발계획(UNDP), 유엔아동기금(UNICEF), 유엔환경계획(UNEP) 등 유엔 산하 기구를 두고 있고, 세계은행그룹(WBG), 국제노동기구(ILO), 유엔교육과학문화기구(UNESCO), 국제통화기금(IMF), 세계보건기구(WHO) 등 경제와 사회 각 분야의 국제 전문 기구들과 긴밀한 관계를 맺고 활동하지.

더 이상 할 일이 없는 신탁통치이사회

신탁통치이사회는 신탁 통치에 관한 문제를 다루는 유엔 조직이야. 그런데 신탁 통치란 무엇일까?

1945년 제2차 세계 대전이 끝난 뒤 독일, 일본, 이탈리아 등이 패전국이 되었어. 그 덕분에 패전국의 식민지였던 수많은 국가가 독립을 했지. 그런데 갑자기 독립을 하면 새로운 정부가 탄생할 때까지 나라 전체가 혼란에 빠질 수도 있었어. 유엔은 이런 국가의 주민들이 새로운 정부를 건설할 때까지 일정한 시간 동안 통치를 대신 해주었단다. 이걸 신탁 통치라고 하고, 신탁 통치를 관리하는 신탁통치이사회를 두었던 거야.

 신탁통치이사회는 아프리카, 라틴 아메리카, 아시아 등 식민지에서 해방된 여러 나라를 신탁 통치하며 새로운 정부가 수립되는 걸 도왔어. 그럼 1945년 일제로부터 해방된 우리나라도 신탁 통치를 받았을까? 아니야. 우리나라는 신탁 통치를 반대하는 반탁 운동을 벌여서 신탁 통치를 거치지 않고 대한민국을 건국했단다.

 현재 신탁통치이사회는 아무 일도 하지 않고 있어. 50년 가까이 임무를 수행하다가 1994년 팔라우의 신탁 통치를 끝낸 뒤로 활동을 중단했지. 더 이상 신탁 통치를 할 나라가 없기 때문이야.

활동 영역을 넓히고 있는 국제사법재판소

 한 국가에 법원이 있는 것처럼, 유엔에는 국제사법재판소가 있어. '유엔 헌장'의 원칙이 잘 지켜지고 있는지 감시하고, 국제 조약의 내용을 해석하고, 나라와 나라 사이에 문제가 생겼을 때 국제법에 따라 처리하는 걸 도와주는 기관이지.

 국제사법재판소 본부는 네덜란드 헤이그에 있어. 판사는 총회와 안전보장이사회가 선출해. 국제법에 밝은 15명의 재판관이 9년 임기로 일을 하지. 국제사법재판소의 판결은 구속력을 지녀. 만약 재판에서 판결을 받은 나라가 그 판결을 이행하지 않으면, 안전보장이사회가

나서서 조치를 취할 수 있단다.

 최근 국제 협약이 많이 맺어지고 있어. 그런데 협약을 어떻게 해석할 건지를 놓고 협약을 맺은 나라들 사이에 갈등이 많아. 국제사법재판소는 이 문제를 풀기 위해 많은 노력을 하고 있어. 그밖에 핵무기 실험, 인질 문제, 집단 수용소 문제 등에 대해서도 국제사법재판소는 많은 관심을 기울이며 활동하고 있단다.

더 알아보자!

국제사법재판소에서 지면 독도를 일본에 넘겨주어야 할까?

일본은 독도를 '다케시마'라고 부르고 있어. 시마네 현이라는 지방으로 편입시켜 일본의 영토로 삼으려 하는 거지. 일본은 이 문제를 국제사법재판소에 제소해서 해결하려 하고 있단다. 만약 국제사법재판소에서 일본이 이기면 우리는 독도 영유권을 넘겨주어야 할까? 하지만 그럴 가능성은 없어. 국제사법재판소는 당사국이 모두 원할 경우에만 재판을 하거든. 우리나라 정부가 일본의 제소에 응하지 않으면 국제사법재판소의 재판은 열릴 수 없단다.

반기문 사무총장이 최고 우두머리인 곳, 사무국

유엔 사무국은 한 국가의 행정부와 같은 조직이야. 총회와 안전보장이사회 등 유엔 안에서 결정된 모든 사항을 실행에 옮기지.

사무국의 최고 우두머리는 사무총장이야. 사무총장은 5년 동안 일하는데 재임하면 5년 더 일할 수도 있어. 안전보장이사회의 회의를 거쳐 후보로 선출된 뒤, 총회에서 3분의 2 이상이 찬성하면 사무총장이 될 수 있지. 안전보장이사회의 5개 상임 이사국을 제외한 나라에서 선출하고, 아시아, 유럽, 아메리카, 아프리카에서 돌아가며 선출하는 것을 원칙으로 한단다.

'유엔 사무총장' 하면 떠오르는 사람이 있지? 반기문 사무총장! 반기문은 코피 아난 사무총장의 뒤를 이어 2006년 사무총장으로 선출되었어. 2007년부터 임기를 시작했고, 2011년에 재임되어 2016년까지 일할 예정이란다.

사무총장은 유엔에서 '가장 지위가 높은 외교관'이라고도 하고 '세계의 최고 경영자(CEO)'라고도 불린단다. 심지어는 '세계의 대통령'이라고 부르는 사람도 있지. 강대국의 대통령이라고 해도 사무총장에게 이래라저래라 할 수 없거든.

사무총장은 유엔에서 발생하는 모든 업무에 참여해. 앞에서도 말한 총회, 안전보장이사회, 경제사회이사회 등 모든 회의에 참석한단다. 그리고 사무국의 모든 업무를 지휘하지.

하지만 반기문 사무총장이 정말로 세계의 대통령 역할을 하는 건 아니야. 유엔은 전 세계 모든 나라를 통치하는 조직이 결코 아니거든. 한 국가의 정부와는 다르지. 국가의 정부는 국민을 통치하는 조직이지만, 유엔은 나라와 나라 사이에 일어나는 수많은 문제를 함께 고민하고 해결하기 위해 노력하는 조직일 뿐이란다. 그래서 유엔을 '세계의 정부'라고 하지 않고, '정부 간 국제기구'라고 하는 거야.

사무국에는 전 세계 6만 5000명의 전문가와 사무원이 일하고 있어. 사무국의 1년 예산은 24억 달러 정도라고 해. 서울시 1년 예산이 176억 달러 정도니까 그렇게 많은 편은 아니구나. 하지만 이렇게 적은 예산으로도 세계의 수많은 문제를 처리하고 있단다.

우리가 직접 만나 봤어!

유엔아시아·태평양경제사회위원회(UNESCAP) 동북아 지역 사무소
남상민 부소장

 유엔에 들어오기 전에는 환경 운동을 하셨지요?

제 고향이 경상북도 울진인데요, 그곳에서 환경 운동을 시작했어요. 이후 환경운동연합과 녹색연합 등 환경 단체의 창립 멤버가 되면서 본격적으로 환경 운동에 뛰어들었죠. 그러다가 환경 문제에 대해 좀 더 깊이 공부하기 위해 독일과 오스트레일리아로 유학을 갔어요. 유학 후에 귀국하여 대학에서 학생들을 가르쳤는데, 2005년에 열린 '환경 장관 회의' 때 주제 보고서를 작성한 일이 계기가 되어 유엔에 들어오게 되었습니다.

 유엔에서도 계속 환경 분야의 일을 하고 계신데요, 환경 단체에서 일할 때와 달라진 점이 있다면요?

크게 다르지는 않아요. 환경 단체에서도 국제 활동을 많이 했거든요. 대만이 핵폐기물을 북한에 보낼 때 반대 운동을 벌였던 기억이 나는군요. 하지만 분명히 차이점도 있습니다. 환경 단체는 문제점을 지적하고 해결을 촉구하는 일을 주로 하지만, 유엔에서는 이렇게 제기된 여러 문제를 해결하는 일을 한다는 점에서 다르죠. 또 환경 단체에서는 현장 활동을 많이 했지만, 유엔에서는 환경 관련 국제회의를 준비하거나 보고서를 작성하는 일을 많이 하고 있습니다.

 부소장님이 일하시는 이곳은 '유엔아시아·태평양경제사회위원회'의 동북아 지역 사무소죠? 여기는 어떤 곳인가요?

동북아 지역 사무소에는 한국과 북한, 중국, 러시아, 일본, 몽골 등 여섯 나라가 속해 있습니다. 저희 사무실에는 북한의 공화국 국기도 있어요. 사무소가 한국 소속이 아니라 유엔 소속이기 때문에 공화국 국기를 둘 수가 있는 거죠.

국제회의를 위해 세계 각국에서 모인 전문가들

동북아 지역 사무소가 있는 인천 송도에서 열린 국제회의

유엔에서 일하면서 가장 보람을 느꼈을 때는 언제인가요?

북한을 대상으로 다양한 교육 프로그램을 진행하고 있어요. 북한이 저희 측에 제의를 해 오기 때문이죠. 그동안 환경, 에너지 효율, 바이오, 통계 등 25차례 교육을 실시했어요. 한번은 말레이시아로 북한의 담당자를 불러 폐기물 관리 교육을 한 적도 있습니다. 교육 프로그램을 통해 자연스럽게 북한 사람들과 교류할 수 있어서 무척 보람을 느낍니다.

부소장님은 하루 일과가 어떠세요? 무척 바쁘실 것 같아요.

주로 국제회의 관련 업무가 많습니다. 국제회의는 주로 정부 간 대표 회의가 많은데요, 각국 외교부, 환경부, 대사관 등으로 연락하여 스케줄을 잡는 등 회의에 필요한 여러 준비를 합니다. 회의가 진행되면 회의록을 작성하는 일도 제 몫이지요. 그밖에 환경 분야의 전문가로서 보고서를 작성하기도 하고 일반적인 행정 업무도 합니다.

유엔에서 일하고 싶어 하는 어린이들을 위해 한 말씀 해 주세요.

가장 중요한 것은 자기의 관심 분야를 정하여 그 분야의 전문가가 되는 것입니다. 제가 환경 분야 전문가인 것처럼 말이죠. 유엔은 정치·경제·군사·안보 등은 물론이고 환경·교육·복지 등 거의 모든 분야를 다 다루고 있어요. 자연히 다양한 분야의 전문가가 필요하죠. 전문가가 되는 것, 그것이 유엔에 들어가는 가장 중요한 조건입니다.

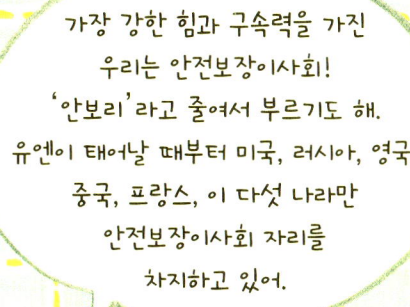

가장 강한 힘과 구속력을 가진 우리는 안전보장이사회! '안보리'라고 줄여서 부르기도 해. 유엔이 태어날 때부터 미국, 러시아, 영국, 중국, 프랑스, 이 다섯 나라만 안전보장이사회 자리를 차지하고 있어.

세계 평화는 우리가 지킨다

안전보장이사회

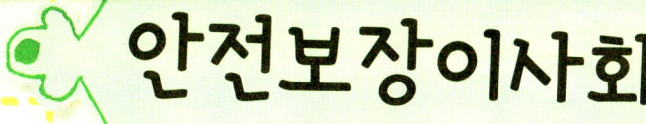

만약 전쟁이 일어난다면?

지난 20세기에 인류는 세계 대전을 두 번이나 겪었어. 그럴 때마다 세계 대전을 다시는 겪지 않기 위해 새로운 국제기구를 창설하곤 했지. 제1차 세계 대전 후에는 국제연맹, 제2차 세계 대전 후에는 유엔이 태어났잖니?

유엔이 창설되고 난 뒤에는 아직까지 세계적인 규모의 전쟁은 일어나지 않았어. 참 다행이지? 하지만 세계 곳곳에서 크고 작은 전쟁들은 여전히 끊이지 않았고 지금도 계속 일어나고 있어. 그럼 유엔은 전쟁이 일어나 국제 평화와 안보가 위협받게 될 경우 주로 어떤 일을 할까?

만약 한 회원국이 다른 회원국을 불법적으로 침략했다면? 유엔은 가장 먼저 평화적으로 전쟁을 해결할 방법을 찾기 위해 노력해. '유엔 헌장' 6장에 보면 "모든 회원국들은 평화적인 방법으로 분쟁을 해결해야 한다."라고 되어 있으니까 말이야.

처음에는 유엔 총회가 나선단다. 결의안을 채택해서 침략국이 전쟁을 끝내고 물러나도록 평화적으로 압박하지. 하지만 침략국이 총회의 결의안을 따르지 않는다면? 총회는 더 이상 어떻게 해 볼 방법이 없어. 총회의 결의안은 구속력이 없으니까 말이야. 하지만 걱정하지는 않아도 돼. '유엔 헌장' 7장을 보면, 안전보장이사회가 나서서 해결할 수 있다고 되어 있거든.

전쟁이 일어나면 안전보장이사회는 결의안을 채택해서 침략국에 강제 조치를 취할 수 있어. 하지만 어느 쪽이 불법적으로 침략을 했는지 판단하기가 어렵다면? 그럴 때는 유엔평화유지군을 파견하기도 한단다.

지금부터 안전보장이사회가 국제 평화와 안보를 유지하기 위해 어떤 일을 하고 있는지 살펴보자꾸나.

불법 침략은 가만두지 않아

지금부터 20여 년 전인 1991년 1월 17일, 유엔의 다국적군이 이라크를 공격했어. 43만 명의 미군을 비롯해서 유엔 회원국 34개국의 다국적군 68만 명이 이라크를 향해 진격했지. 유엔의 다국적군은 왜 이라크를 공격하게 된 걸까?

아시아 서쪽에 자리한 아라비아 반도 일대는 석유가 많이 생산되는 지역이야. 이 지역의 여러 나라는 석유를 수출하여 부자가 되었지. 그중에 쿠웨이트라는 나라가 있어. 그런데 쿠웨이트는 다른 나라에 비해 석유를 너무 많이 수출했고, 그 바람에 국제 석유 가격이 떨어졌어. 이웃 나라 이라크는 쿠웨이트 때문에 손해를 보게 되었지. 결국 이라크는 쿠웨이트를 침략해서 자기네 땅으로 만들었단다.

유엔은 곧바로 총회를 열어 이 문제를 논의했고, 이라크의 쿠웨이트 침략은 부당하다는 결론을 내렸어. 그러고는 12차례나 대(對)이라

안전보장이사회의 구속력!

크 결의안을 통과시켰지. 하지만 유엔 총회의 결의안은 구속력이 없잖아? 이라크는 쿠웨이트에서 물러나지 않고 계속 버텼단다.

결국 안전보장이사회가 나섰어. 안전보장이사회는 이라크의 쿠웨이트 점령을 원래 상태로 되돌리기 위해 강제 조치를 취하기로 결정했어. 여기에서 말하는 '강제 조치'란 경제적 제재뿐 아니라 군사 행동도 포함하고 있어.

안전보장이사회는 처음에는 이라크가 다른 나라와 교역하는 것을 모두 금지시켰어. 그리고 1991년 1월 15일까지 물러나지 않으면 이라크에 대해 무력을 사용하겠다고 압박했지. 그런데도 이라크는 끝까지 물러나지 않았어.

결국 안전보장이사회는 강제 조치 중에서도 가장 강력한 군사 행

동을 하기로 했어. 이틀 뒤인 1월 17일에 유엔 회원국들의 군인들로 이루어진 다국적군을 결성해서 이라크를 공격한 거지. 유엔 다국적군은 전쟁을 시작한 지 40여 일 만인 2월 28일 이라크에 대한 승리를 선언했단다. 이 전쟁을 걸프 전쟁이라고 해.

유엔의 다국적군은 우리나라의 전쟁에도 참전한 적이 있어. 바로 1950년 6월 25일 일어난 한국 전쟁 때야. 북한의 남침 소식이 알려지자마자 안전보장이사회는 회의를 열었어. 그런데 상임 이사국 중에는 북한과 친한 소련이 버티고 있었어. 원래대로라면, 북한에 대한 강제 조치는 이루어지지 못했을 거야. 소련이 북한에 대한 강제 조치에 반대할 것이 뻔했으니까.

그러나 소련은 안전보장이사회 회의에 참석하지 않았어. 결국 소련이 빠진 채 안전보장이사회는 북한에 대한 강제 조치 결의안을 통과시켰고, 유엔은 한국 전쟁에 군대를 보낼 수 있었단다.

그런데 얼마 뒤 소련은 안전보장이사회 회의에 다시 참석했고, 이번에는 거부권을 행사했어. 결국 유엔의 파병은 중단되었단다. 이 문제가 유엔 총회로 넘어가자 유엔 총회는 '평화를 위한 단합 결의안'을 통과시켰어. 유엔이 군사적 행동을 계속하는 것이 가능하다는 내용의 결의안이었지. 하지만 총회는 안전보장이사회와 달리 권고만 할 수 있는 조직이잖아? 그래서 한국을 돕고 싶은 나라들은 자발적으로 전쟁에 참가해서 도와주어도 좋다는 식으로 권고만 했고, 그 결과 미국을 비롯한 16개 나라가 '자발적으로' 참전하게 되었단다.

평화를 지키기 위한 군대, 유엔평화유지군

안전보장이사회는 걸프 전쟁을 끝내는 데 큰 역할을 했어. 하지만 강제 조치로 국제 평화와 안보를 지킨 사례는 그리 많지가 않아. 걸프 전쟁 때는 이라크가 침략국이라는 것에 모든 이사국이 동의했기 때문에 강제 조치를 취할 수 있었어. 하지만 대부분의 전쟁은 어느 나라가 침략국인지 판단하기가 쉽지 않아. 게다가 상임 이사국들 사이에 의견이 다른 경우도 많지.

A와 B 두 나라가 전쟁을 벌인다고 하자. 만약 상임 이사국 5개 나라 가운데, 미국, 영국, 프랑스는 A의 잘못이라고 하고, 러시아와 중국은

A와 B 둘 다 문제가 있으니까 참견하지 말아야 한다고 한다면? 이렇게 상임 이사국 5개 나라 사이에 의견이 다를 경우, 안전보장이사회는 결의안을 채택할 수 없고 당연히 강제 조치도 취할 수가 없단다.

이보다 더욱 풀기 어려운 문제는 한 나라 안에서 일어나는 전쟁, 즉 내전이야. 인종이나 종교 같은 문제로 같은 나라 국민끼리 싸움을 하는 경우, 어느 한쪽 편을 들기가 어렵지.

이럴 때 안전보장이사회는 어떻게 할까? 전쟁으로 나라 전체가 혼

란에 빠지고, 수많은 사람이 죽고, 삶의 터전을 잃고, 굶주림에 허덕이고, 약탈과 방화에 시달릴 텐데, 어쩔 수 없다며 눈감고 가만히 있어야 하는 걸까? 그러면 국제 평화와 안보를 위해 탄생한 유엔의 명예는 땅에 떨어지고 말 거야.

안전보장이사회는 어느 한쪽 편을 들 수 없는 경우에 대비해 특별한 제도를 마련했어. 바로 유엔평화유지군 제도야. 유엔평화유지군은 분쟁 지역에서 국제 평화와 안보를 지켜 나가고 분쟁국의 재건을 돕는 군대야. 평화 유지가 주요 임무이기 때문에 어느 한쪽 편을 들어 공격하지 않지.

그런데 유엔평화유지군을 파견하려면 전쟁을 벌이고 있는 나라나 내전이 일어난 나라가 동의를 해야 해. 그들이 유엔평화유지군의 활동을 보장해 주어야만 평화유지군이 임무를 잘 수행할 수 있으니까 말이야.

유엔평화유지군의 이모저모

안전보장이사회가 유엔평화유지군 파견을 결정하고 나면 회원국들에게 군대를 보내 달라고 요청한단다. 회원국들은 자기네 나라의 사정에 따라 군대를 보낼지 말지를 결정하고, 보낸다면 규모를 어느 정도로 할지도 결정해. 우리나라의 경우, 최근에 평화유지군 파견이 늘고 있어. 소말리아, 동티모르, 레바논, 아이티 등에 평화유지군을 보냈지.

　유엔은 평화유지군을 파견하는 회원국들에게 평화유지군의 월급, 개인 의류·장비·물품 비용, 개인 무기 비용을 지불해. 하지만 유엔이 지불하는 비용이 모자랄 경우, 회원국들은 각 나라의 기준대로 군인들에게 따로 월급을 주기도 하지.

　유엔평화유지군의 규모는 무척 다양해. 100명

우리는 유엔평화유지군! 평화가 필요한 곳이라면 어디든 달려간다.

주민들의 안전은 우리가 지킨다!

전쟁은 그만!

지역 재건도 우리 몫이지.

구호물자 전달도 우리의 일!

도 안 되는 군대를 파견하는 경우도 있고, 2만 명 이상의 대규모 군대를 파견하는 경우도 있어.

　유엔평화유지군은 전쟁 당사자들이 전쟁을 마무리하고 군대를 철수하는 과정을 감시하고, 새로운 정부를 수립하기 위해 선거를 치르는 것도 도와줘. 그 나라의 법과 질서를 지키고 치안을 유지하기도 해. 삶의 터전을 잃은 사람들에게는 집을 마련해 주고, 굶주린 사람들에게는 구호물자를 전해 주고, 인권이 침해받지 않도록 보살피는 일도 해.

국제원자력기구와 '핵 확산 금지 조약'

유엔은 전쟁이 일어나기 전에 미리 막으려는 노력도 함께 한단다. 여기에는 군사 무기를 줄이거나 없애는 일도 포함되지. 특히 핵무기

더 알아보자!

유엔평화유지군의 한계

유엔평화유지군은 어떤 상황에서도 전쟁이나 내전에 직접 개입해서는 안 돼. 어느 한쪽 편을 들어 다른 한쪽 편을 공격해서는 안 된다는 거야. 그럼 유엔평화유지군에겐 무기가 필요 없냐고? 그렇지 않아. 외부의 공격으로부터 자신을 보호해야 하니까. 그런데 '군사적 중립성'의 원칙 때문에 정말 위급한 상황에서 민간인의 피해를 막지 못하는 일도 생겨. 그밖에도 유엔평화유지군에는 미국 정부가 개입하는 경우가 많아. 가장 많은 분담금을 내고, 군인을 파견한다는 이유로 말이야. 또 평화유지군 내에서 인종차별이 있다든지, 현장에서 민간인에게 피해를 입히거나 인권을 침해하는 사건도 간혹 일어나. 2004년 이래 평화유지군 17명이 민간인 성적 착취로 해고된 일도 있었어. 사무총장이 이를 인정하고 강도 높게 비난했지. 세계 평화를 위해 파견된 군인인데 절대, 다시는 그런 일이 일어나서는 안 돼.

는 국제 평화와 안보에 가장 위협이 되는 군사 무기야. 국제원자력기구와 '핵 확산 금지 조약(NPT)'은 핵무기를 감축하고자 탄생한 국제기구란다.

국제원자력기구는 1957년에 설립되었어. 원자력을 평화적으로 이용하여 전 세계의 평화·보건·번영을 증진시키고 원자력이 군사 무기로 사용되는 것을 막기 위해서였지. 유엔은 국제원자력기구와 협력

하여 1969년 '핵 확산 금지 조약'을 체결했어.

'핵 확산 금지 조약'을 적용할 때는 가입국을 크게 2개의 그룹으로 나누어. 핵무기를 만들지 않겠다고 선언한 국가에는 그에 대한 보답으로 평화적인 원자력 기술을 전해 주고, 이미 핵무기를 보유한 국가에는 미래의 어느 시점에 핵무기를 포기하겠다는 약속을 받아 내는 거지.

국제원자력기구는 핵무기가 없는 국가들이 핵무기를 만들고 있는지 감시하는 일도 해. 회원국에 조사단을 보내서 무기 사찰을 하기도 하지. 하지만 핵무기 문제를 푸는 건 결코 쉬운 일이 아니야. 북한과 이란 등 몇몇 나라들이 아직도 핵무기 개발을 포기하지 않고 있기 때문이지.

하지만 핵무기를 이미 보유한 나라들도 문제이긴 마찬가지야. 현재 '핵 확산 금지 조약'에서 핵무기를 보유하고 있다고 밝힌 5개국은 모두 상임 이사국이야. 이들은 다른 나라에는 핵무기를 개발하지 말라면서도, 정작 자신들은 핵무기를 없앨 생각을 하지 않고 있어.

유엔이 국제 평화와 안보를 위해 노력하고는 있지만, 그 유엔을 이끌고 있는 것이 안전보장이사회의 상임 이사국이기 때문에 이런 모순에 빠지게 되는 거야.

> 세계은행은 유엔 산하 기구가 아니라, 전문 기구이지. 개발 도상국에 돈을 빌려 주어 그들이 스스로 일어날 수 있도록 도와 줘. 그런데 돈을 빌릴 수 있는 조건이 지나치게 까다롭고, 개발 도상국을 통해 돈을 벌고 있다는 이야기도 있어서 잘 지켜봐야 해.

모두를 위한 경제 개발 세계은행그룹

세계 인구의 70퍼센트는 개발 도상국 국민

지구상에는 200개가 넘는 나라가 있지만, 경제 수준은 저마다 달라. 잘사는 나라가 있는가 하면 못사는 나라도 있지. 세계의 국가는 개발국과 개발 도상국으로 나눌 수 있어. 개발국은 이미 경제 개발이 이루어진 나라야. 선진국이라고 불러도 좋겠구나. 반면 개발 도상국은 아직 개발이 진행 중인 나라야. 경제 개발이 선진국보다 뒤떨어지지. 지구상 인구 중에서 70퍼센트가 넘는 사람들이 개발 도상국에 살고 있단다.

개발 도상국의 경제 개발을 돕기 위해 수많은 정부 간 국제기구가 만들어졌어. 유엔 역시 개발 도상국의 경제 개발을 위해 많은 활동을 하고 있지. '유엔 헌장'도 이러한 활동을 강조하고 있어. "유엔은 높은 생활 수준, 완전 고용, 그리고 경제적 진보와 발전의 조건을 촉진시킨다."

그렇다면 유엔은 어떻게 개발 도상국의 경제 개발을 도와주고 있을까? 유엔 안에는 6개의 조직이 있다고 했지? 그중에서도 경제 개발 문제는 경제사회이사회가 주로 담당한단다. 경제사회이사회는 개발 도상국의 경제 개발에 중요한 역할을 하는 여러 조직을 관리하는 일을 해. 그런 조직들 중에서도 가장 대표적인 것이 바로 세계은행그룹이야.

세계 은행의 중심, 세계은행

세계은행은 1946년에 설립되었어. 원래 이름은 국제부흥개발은행인데, 세계의 중심 은행 역할을 하고 있어서 그냥 '세계은행'이라고 부르는 거야. 세계은행은 국제통화기금, 세계무역기구와 함께 세계 3대 경제 기구로 일컬어진단다.

세계은행은 유엔 산하 기구가 아니라 전문 기구야. 유엔에 속하지 않고 유엔 밖에서 유엔과 자율적으로 협력하는 조직이지. 본부는 미국 워싱턴 D. C.에 있고, 직원은 1만 3000여 명이나 된단다.

세계은행은 일반적인 은행과 성격이 비슷해. 거래하는 대상이 개발 도상국이라는 점이 다를 뿐이지. 세계은행은 개발 도상국에 자금을 빌려 줘. 개발 도상국이 그 자금으로 경제 개발을 이루어서 이익을 얻으면 그 이익 중 일부를 돌려받지. 그리고 돌려받은 이익금을 다시 다른 개발 도상국에게 빌려 주기도 한단다.

세계은행 회원국들은 총회를 열어서 어떤 개발 도상국에 자금을 얼마나 빌려 줄지 결정해. 그런데 세계은행 총회는 유엔 총회와 다른 점이 있어. 유엔 총회에서는 모든 회원국이 한 표씩 똑같은 권리를 행사하지만, 세계은행 총회에서는 자금을 낸 만큼 표를 행사할 수 있지. 만약 어떤 나라가 낸 자금이 세

내가 바로 세계 은행의 중심! 하지만 개발 도상국에만 돈을 빌려 주지.

계은행 전체 자금의 20퍼센트를 차지한다면, 그 나라의 한 표는 20퍼센트만큼의 비중을 차지하게 되는 거야.

세계은행은 개발 도상국의 사회 간접 자본 건설에 지원을 많이 해. 사회 간접 자본이란 국민 경제 발전에 기초가 되는 도로·항만·철도·통신·전력·수도 등의 공공시설을 뜻해. 경제 개발을 이루려면 이런 공공시설이 잘 갖추어져야 한다고 생각하기 때문이야. 사회 간접 자본이 어느 정도 갖추어진 개발 도상국에 대해서는 보건·교육·주택 문제 등 국민 생활에 꼭 필요한 부분들에 지원을 하지.

개발 도상국이라면 어느 나라든 세계은행에서 자금을 빌리고 싶어 할 거야. 하지만 개발 도상국이 원한다고 해서 세계은행이 무조건 자금을 빌려 주는 건 아니야. 경제 개발을 잘 수행할 수 있다고 판단되는 개발 도상국을 골라 자금을 빌려 주지.

세계은행의 역할은 자금을 빌려 주는 것에서 끝나지 않아. 개발 도상국이 그 자금을 어떻게 사용하는지, 경제 개발에 얼마나 성과를 거두었는지, 국민들의 일상생활과 노동 조건은 얼마나 개선되었는지를 단계별로 평가한단다. 좋은 평가를 받은 개발 도상국에는 다음에도 또 자금을 빌려 주겠지?

최근 세계은행은 개발 도상국의 정치 문제에도 많은 관심을 기울이고 있어. 왜냐고? 세계은행이 빌려 준 돈이 그 나라 정치가들의 욕심을 채우는 데 쓰이면 안 되기 때문이지. 그래서 세계은행은 개발 도

상국들에게 "부정부패를 없애지 않으면 자금을 빌려 주지 않겠다!"라고 강력히 경고하기도 한단다.

세계은행그룹의 여러 기관

세계은행은 그동안 개발 도상국의 경제 개발을 위해 큰 역할을 해 왔어. 자금을 지원하기만 한 것이 아니라 경제 개발이 실제로 성과를 거둘 수 있도록 관리했지. 그런데 세계은행은 개발 도상국의 정부

만을 상대로 자금을 빌려 주고, 민간 기업에는 빌려 주지 않아. 자금 지원만 받으면 국가 경제 개발에 이바지할 수 있는 민간 기업이 많은데, 그런 기업들이 도움을 받지 못하는 것은 아쉬운 일이야. 게다가 세계은행은 자금을 빌려 주는 조건이 무척이나 까다로워. 아주 가난한 국가들은 빌릴 엄두조차 내기 어렵단다.

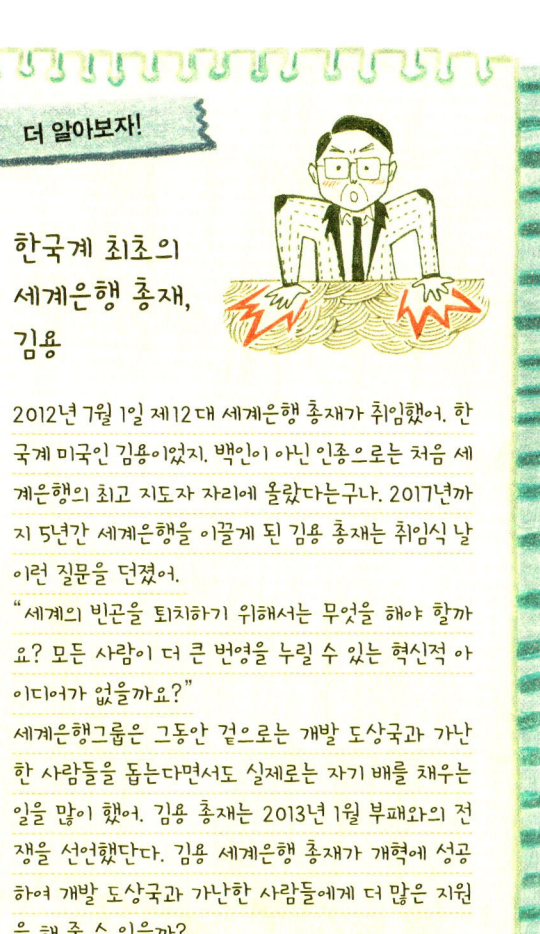

더 알아보자!

한국계 최초의 세계은행 총재, 김용

2012년 7월 1일 제12대 세계은행 총재가 취임했어. 한국계 미국인 김용이었지. 백인이 아닌 인종으로는 처음 세계은행의 최고 지도자 자리에 올랐다는구나. 2017년까지 5년간 세계은행을 이끌게 된 김용 총재는 취임식 날 이런 질문을 던졌어.

"세계의 빈곤을 퇴치하기 위해서는 무엇을 해야 할까요? 모든 사람이 더 큰 번영을 누릴 수 있는 혁신적 아이디어가 없을까요?"

세계은행그룹은 그동안 겉으로는 개발 도상국과 가난한 사람들을 돕는다면서도 실제로는 자기 배를 채우는 일을 많이 했어. 김용 총재는 2013년 1월 부패와의 전쟁을 선언했단다. 김용 세계은행 총재가 개혁에 성공하여 개발 도상국과 가난한 사람들에게 더 많은 지원을 해 줄 수 있을까?

이런 세계은행의 문제점을 보완하기 위해 새로운 국제 금융 기구들이 탄생했어. 국제금융공사(IFC), 국제개발협회(IDA), 국제투자보증기구(MIGA) 등이 바로 그것이란다. 그리고 세계은행과 이 금융 기구들을 합하여 '세계은행그룹'이라고 부르기도 해.

국제금융공사는 개발 도상국의 민간 기업에 자금을 빌려 주는 기관이야. 세계은행은 민간 기업에게 자금을 빌려 주지 않기 때문에 국제금융공사가 탄생한 거지. 민간 기업에 직접 투자를 하기도 하고, 자금을 빌려 주기도 하고, 주식 투자를 하기도 한단다.

개발 도상국의 민간 기업들을 성장시키면 그 나라의 경제 발전에도 좋고, 세계 경제 전체의 발전에도 좋겠지? 이것이 바로 국제금융공사의 목적이야. 주로 아시아나 남아메리카 개발 도상국의 농업·공업·금융업 분야 기업을 대상으로 자금을 빌려 주고 있어. 우리나라도 1960~1970년대에 지원을 받은 적이 있단다.

국제개발협회는 개발 도상국 중에서도 특히 경제 수준이 낮은 나라들에 자금을 빌려 주는 기관이야. 세계은행은 빌린 자금을 갚을 능력이 있다고 판단되는 개발 도상국들에 주로 자금을 빌려 줘. 그래서 빚 갚을 능력이 없거나 빚에 허덕이는 가난한 나라들은 혜택을 받을 수가 없지. 그런 나라들을 위해 탄생한 것이 바로 국제개발협회야.

국제개발협회는 1인당 국민 소득이 925달러 이하인 나라들에게만 자금을 빌려 줘. 이자가 없고 50년 동안은 갚지 않아도 될 정도니까 엄청난 혜택이지. 하지만 1인당 국민 소득이 기준 이상을 넘어가면 더 이상 자금을 빌려 주지 않는단다.

국제투자보증기구 역시 세계은행을 보완하는 기관이야. 이 기관은 마치 보험 회사와 비슷한 역할을 해. 세계 여러 나라의 민간 기업들 중에는 개발 도상국에 투자를 하고 싶지만 손해를 입을까 봐 투자를 망설이는 경우가 많아. 그런 기업들을 위해 만든 것이 국제투자보증기구란다. 개발 도상국에 투자했다가 손해를 입은 민간 기업들에게 손해를 보상해 주는 역할을 하지.

민간 기업들은 국제투자보증기구 덕분에 개발 도상국에 좀 더 과감하게 투자할 수 있어. 그러면 개발 도상국의 경제에도 좋은 영향을 끼치게 되겠지?

세계은행그룹의 문제점

2011년 가나의 수도 아크라에 초호화 호텔이 문을 열었어. 어마어마하게 큰 명품 매장을 지닌 5성급 호텔이었지. 이 호텔의 투자자가 바로 세계은행과 국제금융공사였어. 호텔 건축에 2600만 달러(우리 돈으로 약 273억 원)나 빌려 주었다고 해.

세계은행과 국제금융공사가 이 초호화 호텔의 건설을 지원한 건 가나의 빈곤을 구제하기 위해서였다고 해. 호텔에 현지인을 많이 고용하고, 외국 관광객들이 이 호텔을 이용하면 그 급여와 관광 수입이 아크라 시민들을 비롯한 가나 국민들에게 돌아갈 거라는 주장이었지. 이 말만 듣고 보면, 세계은행은 우리가 앞에서 이야기한 '개발 도상국의 경제 개발'을 위해 좋은 투자를 한 셈이 될 거야.

하지만 현실은 달랐어. 이 호텔이 고용한 현지인은 수영장에서 일하는 웨이터 6명을 포함해서 극소수에 불과했어. 호텔의 관광 수입이 시민들에게 돌아간다는 것도 말뿐이었지.

그렇다면 세계은행그룹은 왜 이런 초호화 호텔 건설에 자금을 빌려 준 걸까? 겉으로는 개발 도상국의 경제 개발을 돕는 척했지만, 사실은 사업에 투자하여 얻은 수익으로 자기 배를 채우려 했던 거야.
　세계은행그룹은 개발 도상국의 경제 개발을 돕기 위해 설립된 국제기구야. 특히 국제금융공사는 앞에서도 보았듯이 개발 도상국의

민간 기업에 싼 이자를 받고 돈을 빌려 주는 기관이지. 하지만 한 연구 기관의 조사에 따르면, 2011년에 국제금융공사가 개발 도상국의 민간 기업을 위해 순수하게 빌려 준 돈은 전체의 10퍼센트 정도밖에 되지 않았다고 해. 나머지 90퍼센트는 오로지 더 많은 이윤을 얻을 목적으로 투자를 한 것이지.

사업의 목적에도 문제가 많아. 국제금융공사가 진행한 300여 사업 중에 빈민 구제 사업은 13퍼센트에 불과했어. 나머지는 빈민 구제와 직접 관련이 없었다고 해.

세계은행그룹은 개발 도상국의 경제 개발을 도와주는 것이 아니라 오히려 개발 도상국으로부터 돈을 벌어들이고 있는 셈이야. 앞으로 세계은행그룹이 본래의 업무를 정직하게 잘 수행하는지 지켜볼 필요가 있을 것 같아.

자금이 아닌 기술을 지원하다

유엔개발계획은 세계 여러 나라가 경제 개발을 할 수 있도록 도와주는 유엔 산하 기구야. 1965년 설립되었지.

유엔개발계획의 가장 중요한 업무는 개발 도상국의 경제 개발을 위해 기술

이 커다란 호텔에 가나 인 직원은 손에 꼽히다니, 누구를 위한 투자인지…….

원조를 하는 거야.

기술 원조에는 두 가지 과정이 있어. 하나는 개발 도상국의 경제 계획 수립을 돕는 일이야. 유엔개발계획은 개발 도상국의 경제 상황을 조사하고, 연구소나 훈련소를 설립하고, 경제 개발 계획을 수립하는 일을 해. 또 하나는 사람과 물자를 제공하는 거야. 개발 도상국에 전문가를 파견하고, 현지인 기술자를 교육하고, 필요한 기계나 자재를 제공하는 일을 하지.

유엔개발계획은 최근에 활동 영역을 넓혀 가고 있어. 전쟁과 내전을 겪은 나라가 혼란을 극복할 수 있도록 도움을 주거나 가난과 질병을 퇴치하는 일도 하고 있지. 경제 개발을 위해 원조를 아무리 많이 해 주어도, 나라가 혼란하거나 사람들이 가난과 질병에서 헤어나지 못한다면 원조의 효과는 줄어들 수밖에 없으니까 말이야.

하지만 이런 유엔개발계획의 활동에도 한계가 있어. 가장 큰 문제는 예산이 늘 부족하다는 거야. 예산 문제를 해결하려면 선진국들이 솔선수범해서 자금을 많이 내야 하는데, 선진국들도 경제가 어렵다며 유엔개발계획에 내는 기부금을 점점 줄이고 있어. 그래서 세계은행그룹의 역할이 앞으로 더욱 중요해질 수밖에 없을 것 같구나.

한시적으로 생긴 난민기구가 여전히 활발하게 활동하고 있고, 앞으로도 좀 더 활동해야 할 것 같아. 전쟁 난민, 종교 난민, 정치 난민 등 세상 모든 난민이 없어지는 그날까지!

난민에게 새로운 희망을

유엔난민기구

삶의 터전을 잃은 사람들

빼곡히 들어찬 텐트, 그 속에서 하루하루 힘겹게 살아가는 사람들. 이런 모습을 텔레비전 뉴스에서 본 적이 있니? 세계 곳곳에는 전쟁이나 재난으로 어쩔 수 없이 집을 떠나 다른 곳에서 살아가는 사람들이 많아. 전쟁과 재난뿐 아니라 정치적인 대립, 종교, 인종 문제로 자기 나라에서 살 수 없는 사람, 자신의 신념을 지키기 위해서는 고향을 떠나야 하는 사람 등 여러 가지 이유로 다른 나라에서 살 수밖에 없는 사람들이 아주 많단다. 이런 사람들을 난민이라고 해. 그리고 최근에서는 환경 문제로 살 곳을 잃은 '환경 난민'이 생겨나고 있어. 하지만 국제법에 따르면 환경 난민은 난민의 지위를 인정받을 수 없어. 그래서 최근 이 문제를 해결하기 위해 유엔 본부에 환경 난민 문제를 다룰 사무국을 세웠대. 현재 전 세계에 난민들이 4520만 명이나 된단다.

전쟁이나 재난이 발생하면 수많은 사람들이 목숨을 잃어. 물론 용케 살아남은 사람들도 있지만, 이들도 고통스럽긴 마찬가지야. 집을 잃고 마을을 잃고 나라마저 잃은 사람들은 오로지 살기 위해 이곳저곳, 이 나라 저 나라를 떠돌아야 해.

아프리카에 라이베리아라는 나라가 있어. 이 나라는 7년 동안의 내전으로 220만 명이나 되는 사람들이 난민이 되었어. 난민들은 고향을 떠나 이곳저곳을 떠돌았는데, 그중에는 이웃 나라로 간 사람들도 많았지.

유엔은 2003년 유엔평화유지군을 파견해서 라이베리아 내전을 평화롭게 끝냈어. 그리고 해외에서 떠돌고 있는 난민을 도와 보호하고 라이베리아로 귀국시키기 위해 많은 활동을 했단다. 10년이 지난 2013년 1월까지 모두 15만 명이 넘는 라이베리아 난민들이 고향으

로 돌아갈 수 있었어. 이 활동을 주도한 조직이 바로 유엔난민기구(UNHCR)야.

난민이 사라지는 그날까지

1949년 유엔은 총회를 통해 3년이라는 기간을 정해 한시적으로 유엔난민기구를 창설했어. 그리고 1951년에 '난민 지위에 관한 협약'을 체결했지. 설립 당시 유엔난민기구가 주로 한 일은 제2차 세계 대전으로 생긴 2000만 명이 넘는 유럽의 난민들을 보호하는 것이었어.

하지만 이후에도 세계 곳곳에서 전쟁과 재난이 끊이지 않았고, 난민의 수는 계속 늘어만 갔어. 그러자 유엔은 '난민 지위에 관한 의정서'라는 협약을 맺어 난민 보호의 범위를 더욱 넓혔지. 이때부터 유엔난민기구는 유럽뿐 아니라 세계 여러 지역의 난민을 대상으로 활동하기 시작했단다. '난민 지위에 관한 협약'과 '난민 지위에 관한 의정서'를 함께 가리켜 '국제 난민 조약'이라고 해.

유엔난민기구는 설립될 때만 해도 기간을 3년으로 정해 놓고 활동을 했으니 3년이 지나면 해체될 수도 있는 조직이었지. 하지만 난민의 수는 크게 줄지 않았고, 결국 2003년 난민 문제가 해결될 때까지 업무를 계속하는 것으로 결정을 내렸어. 유엔난민기구는 지금까지도 계속 활동하고 있어. 그동안 난민 구호 활동에 많은 성과를 거둔 점을 인정받아 1954년, 1981년 두 차례 노벨 평화상도 수상했다는구나.

유엔난민기구는 유엔 산하 기구야. 경제사회이사회의 관리를 받고, 경제사회이사회에 기구의 활동을 정기적으로 보고하지. 또 난민은 자기네 나라 정부의 보호를 받을 수 없기 때문에 유엔난민기구가 마치 난민들의 정부 같은 역할을 하고 있단다.

유엔난민기구는 난민을 위해 다양한 활동을 하고 있어. 먼저 난민이 박해를 받을 위험이 있는 국가로 강제 송환되지 않도록 노력해. 난민을 학대하거나 강제로 송환시키는 나라가 있으면 그 나라 정부에 항의도 하지. 실향민을 받아들여 보호해 주는 나라를 '비호국'이라고 하는데, 유엔난민기구는 비호국에 물자를 원조하기도 하고, 난민 캠프를 운영하기도 한단다.

그렇다면 전쟁이나 재난이 모두 끝난 뒤에는 어떤 일을 할까? 난민들이 새롭게 정착하도록 도와준단다. 세 가지 방법이 있어. 첫째는 난민들이 자발적으로 본국으로 돌아가도록 돕는 거야. 둘째는 난민들이 비호국에 정착하도록 돕고. 셋째는 본국과 비호국에 정착할 수 없을 때 제3국에 정착하도록 돕지.

난민을 위한 세 가지 해결책

첫째, 자발적인 본국 귀환이란 난민이 자신들의 자유로운 뜻에 따라 스스로 본국으로 돌아가는 것을 말해. 난민을 정착시키는 방법 중에서 가장 좋은 방법이라고 할 수 있지.

하지만 난민들이 본국으로 돌아가는 건 생각보다 쉽지 않아. 가까운 거리면 걸어갈 수도 있겠지만, 먼 거리라면 교통수단을 이용해야 해. 하지만 교통수단을 이용할 경제적 능력이 없다면 돌아가고 싶어도 돌아갈 수 없겠지?

유엔난민기구는 스스로의 힘으로 돌아갈 능력이 안 되는 난민에게 교통수단을 제공해. 유엔난민기구의 도움을 가장 많이 받은 건 모잠비크 난민이야. 1993년과 1995년에 170만 명이나 되는 모잠비크 난민이 유엔난민기구에서 교통수단을 지원받아 본국으로 돌아갈 수 있었단다.

그러나 유엔난민기구의 역할은 난민을 본국으로 돌려보내는 것으로 끝나지 않아. 유엔난민기구는 귀환한 난민들이 자립하도록 여러 가지 도움을 준단다. 유엔개발계획이나 여러 비정부 간 국제기구와 협력해서 난민 돕기 사업을 진행하지. 보건소나 도로, 다리 같은 시설들을 만들거나 고쳐 주기도 하고, 도시와 농촌의 경제를 되살려 난민들이 생계를 꾸릴 수 있도록 도와주기도 한단다.

　두 번째 해결책은 비호국 정착이라고 했지? 만약 본국의 사정이 나빠서 본국으로 돌아가기가 어려운 난민들은 유엔난민기구가 나서서 비호국에 정착시킨단다.

　비호국들은 대부분 다른 나라 난민들이 자기네 나라에서 정착하는 걸 좋아하지 않아. 자기네 나라에 사회적 혼란을 일으킬 수도 있으니까 말이야. 하지만 인구가 부족한 나라의 경우 자기네 나라의 산업을 발달시키기 위해 난민을 환영하기도 해. 아프리카의 우간다는 수단에서 온 난민 18만 명을 받아들여 토지를 주고 농촌을 개발하게 했다는구나.

> **더 알아보자!**
>
> ### 우리나라에도 난민이 있을까?
>
> 우리나라도 난민 비호국이야. 우리나라는 2001년 첫 난민자를 인정했고 현재 우리나라에서 난민 지위를 신청한 사람이 5000명 가량 된대. 하지만 신청한다고 모두 난민으로 인정받는 것은 아니야. 그 중 약 300명이 난민으로 인정받았고, 1000명 이상이 심사를 기다리고 있다고 해. 과거에 한국 전쟁 이후 많은 한국 사람들이 해외에서 난민으로 인정받았고, (故)김대중 전 대통령도 한때 정치적 탄압으로 우리나라를 떠나 해외에서 난민 인정을 받은 적이 있어. 우리가 이렇게 국제 사회에서 도움을 받았는데, 우리도 목숨과 생활이 위태로운 난민들을 받아들이고 도와야 하지 않을까? 다행히 2013년 7월에 아시아 최초로 우리나라에 난민법이 생겼고, 법무부에 '난민과'를 신설했으니 좀더 활발하게 활동할 수 있을 거야.

유엔난민기구는 난민들이 비호국에서 잘 적응하고 살 수 있도록 교육을 하기도 하고 직업 훈련을 시키기도 하고 취업 상담도 해 주어 난민들이 독립할 수 있도록 돕고 있단다.

마지막 해결책은 제3국 정착이야. 난민이 본국에 돌아갈 수도 없고, 비호국에서도 안전하게 살 수 없는 경우에는 어떻게 할까? 그러면 두 나라가 아닌 또 다른 나라, 즉 제3국에 정착시켜야 해. 유엔난민기구는 이런 난민들이 제3국에 정착하도록 돕는 역할도 한단다.

1975년 베트남 전쟁이 끝나고 나서 수많은 베트남 난민이 생겨났어. 그중에는 전쟁에 패한 남베트남 군인이나 남베트남 정부의 협력자와 가족이 많았지. 이 난민들 중 비호국에서 받아들여 주지 않아 바다 한가운데로 내몰린 사람이 많았단다. 그래서 '배 위에서 사는 사람들'이라는 뜻으로 '보트 피플'이라는 말이 생겨나기도 했어.

유엔난민기구는 이 보트 피플이 바다 위에서 생활할 수 있도록 구호해 주고 제3국에서 다시 정착할 수 있도록 도와주었어. 그래서 베트남 난민들 중 많은 사람이 오스트레일리아, 캐나다, 프랑스, 미국에 정착할 수 있었단다.

유엔난민기구와 함께 활동하는 유엔 기구들

유엔난민기구는 난민을 구호하기 위해 많은 노력을 해 왔어. 하지만 모든 일을 유엔난민기구가 처리하는 건 불가능해. 그래서 유엔난민기구는 여러 다른 유엔 기구와 협력하여 난민을 돕고 있단다.

난민들은 고향을 떠나온 사람들이야. 농사지을 땅도 없고 변변한 직업도 없는 사람이 대부분이지. 그래서 난민들은 당장에 하루하루 먹고살 식량마저 없는 경우가 많아. 세계식량계획(WFP)은 난민들에게 기초 식량을 공급하는 역할을 한단다.

식량 못지않게 중요한 것이 의료 문제야. 이 일은 세계보건기구(WHO)가 맡아. 소아마비, 홍역 등 전염병을 치료하기 위해 백신을 제공하기도 하고, 암이나 에이즈 같은 치명적인 질병을 예방하기 위해 난민들을 교육하기도 하지. 난민 캠프에서 번지기 쉬운 말라리아나 장티푸스 같은 질병을 막는 것도 그들이 하는 일이야.

난민들 중에서도 가장 고통받는 이들은 바로 아이들이야. 부모가

 죽었거나 부모를 잃어버린 아이들은 스스로를 돌볼 능력이 없어. 유니세프(UNICEF)는 난민이 된 아이들에게 먹을 것을 주고, 병을 치료해 주고, 배움을 전하는 역할을 한단다.
 그럼 난민들이 본국으로 돌아가거나 비호국이나 제3국에 정착한 뒤에는 유엔난민기구의 역할이 모두 끝나는 것일까? 그렇지 않아. 새로 정착한다 해도 난민들의 생활이 당장에 확 좋아질 수는 없겠지. 그래서 세계은행그룹이나 유엔개발계획 같은 조직들과 협력하여 난민들이 새롭게 정착할 수 있도록 돕는단다.

탈북자 문제와 유엔난민기구의 한계

유엔난민기구가 난민 보호를 위해 많은 일을 하고 있는 건 사실이지만, 해결하지 못하는 문제도 많아. 본국이나 비호국, 제3국에 난민 문제를 해결하기 위해 협조해 달라고 부탁할 수는 있어도 협조해야 한다고 강요할 수는 없기 때문이지. 우리가 큰 관심을 가지고 있는 북한 탈북자 문제도 여기에 해당돼.

해마다 수많은 북한 주민이 국경을 넘어서 중국으로 탈출하고 있어. 그들은 한국 등 여러 나라로 가서 정착하고 싶어 하지. 하지만 중국 정부는 탈북자를 체포해 북한으로 돌려보내고 있어.

유엔난민기구는 탈북자들을 난민으로 보고 그들을 돕고 싶어 해. 그래서 중국 정부에 탈북자를 북한으로 돌려보내지 말라고 권고하고 있지. 하지만 중국 정부는 북한과의 관계를 고려해 유엔난민기구의 권고를 따르지 않고 있고, 유엔난민기구도 중국 정부의 조처를 법으로 금지할 방법이 없는 상황이란다.

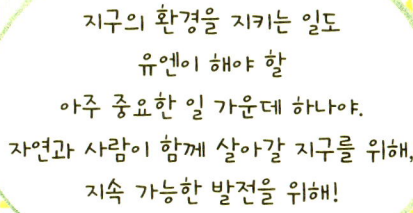

지구의 환경을 지키는 일도
유엔이 해야 할
아주 중요한 일 가운데 하나야.
자연과 사람이 함께 살아갈 지구를 위해,
지속 가능한 발전을 위해!

지구와 함께 오래오래
유엔환경계획

바다가 오염되고 있어!

환경 문제를 고민하다

2013년 1월 유엔의 한 산하 기구가 다음과 같이 발표했어. "육지에서 바다로 배출된 수은의 양이 지난 100년간 전 지구적으로 2배 증가했다."

수은은 바다로 배출되어 어류나 조개류의 몸에 축적되는데, 그런 어류나 조개류를 먹은 사람의 몸에 수은이 일정한 양 이상 흡수되면 죽을 수도 있는 위험한 병에 걸리게 돼. 그래서 이 기구는 수은의 사용량을 줄이기 위해 여러 나라 사이에서 교섭을 하고 있어. 이 기구는 바로 유엔환경계획(UNEP)이야.

유엔환경계획은 1972년에 설립된 유엔 산하 기구야. 유엔은 설립 이후, 국제 평화와 안보, 개발 도상국의 경제 개발 등을 위해 많은 노력을 해 왔는데, 점차 심각해지는 지구 환경 문제도 함께 고민하기 위해 유엔환경계획을 설립하게 된 거란다.

유엔환경계획은 지구 온난화, 오존층 파괴, 해양 오염 문제 등을 포함하여 멸종 위기에 처한 동식물 보호, 수질 오염과 핵에너지 사고 방지 등 다양한 분야를 연구하고 있어.

지속 가능한 개발이 뭐지?

개발을 지속하려면 환경 파괴를 감수해야 해. 하지만 환경을 보호하려면 개발을 늦추어야 하지. 아마존을 예로 들어 볼까? 아마존은 남아메리카의 열대 우림 지역인데, 지구 산소의 20퍼센트 이상을 만들어 낸다고 알려져 '세계의 허파'라고 불리고 있지. 세계 환경을 위해서는 아마존이 개발되어서는 안 돼. 하지만 아마존에 의지해서 살아가는 사람들은 아마존을 개발하지 않으면 생존할 수 없어.

그렇다면 개발도 하면서 환경을 보호할 수 있는 방법이 없을까? 이런 고민이 모아져 탄생한 개념이 바로 '지속 가능한 개발'이야. 한계가 있는 지구 자원과 인간의 끝없는 개발 욕심 사이에서 환경과 인간의 조화를 이루고 무분별한 자원 개발을 막아 후대에 지속적으로 발전 가능한 지구 환경을 만들어야 한다는 것이지.

유엔환경계획이 내세운 환경 문제 해결의 기본 원칙은 바로 '지속

가능한 개발'이야. 1992년 '지속 가능한 개발'을 실천하기 위해 브라질 리우데자네이루에서 유엔 환경 개발 회의가 열렸어. 그런데 이 회의에서 선진국과 개발 도상국 사이에 다툼이 일어났어.

선진국은 환경을 최우선으로 생각해야 한다는 입장이었고, 개발 도상국은 거기에 동의할 수 없었던 거지. 개발 도상국은 선진국의 생각에 왜 반대하는 걸까?

지금의 선진국이 개발 도상국이었던 시절에는 환경에 대한 관심이 적었어. 환경 파괴를 막기 위한 규제도 별로 없었지. 그래서 자기들

마음대로 개발할 수 있었어. 결국 무분별한 개발로 지구 환경을 해친 장본인은 지금의 선진국들인 셈이야. 그런데 선진국들이 이제 와서 환경을 지키기 위해 다 함께 노력해야 한다고 주장하고 있으니, 개발 도상국 입장에서는 화가 날 만도 하지?

결국 선진국들은 환경 보호를 위해 더 많은 자금을 내겠다고 약속했고 여러 가지 실천 과제에 합의했어. 하지만 안타깝게도 많은 선진국들이 약속한 내용을 제대로 실천하지 않고 있어.

지구 온난화와 '교토 의정서'

지구 온난화는 지구 표면의 평균 온도가 해마다 올라가는 현상을 말해. 인류가 만들어 낸 이산화 탄소가 태양열을 머금어 지구를 점점 따뜻하게 하는 거지. 그러면 추운 지방에 사는 사람들은 살기가 좋아지겠다고? 그렇게 간단한 문제가 아니야. 지구가 따뜻해지면 전 세계의 빙하가 녹아 해수면이 높아지면서 점점 육지가 줄어들어. 따뜻한 곳에서는 살지 못하는 생물들이 지구에서 사라질 수도 있어.

유엔은 20여 년 전부터 이 문제를 풀기 위해 노력해 왔단다.

1992년에 열린 유엔 환경 개발 회의에 대해 앞에서 잠깐 이야기했지? 이 회의는 '지속 가능한 개발'을 주장했을 뿐 아니라 지구 온난화를 함께 해결하는 방법을 논의하고 '유엔 기후 변화 협약(UNFCCC)'을 맺었어. 지구 온난화를 막기 위해 온실가스의 배출을 어느 정도

막자는 내용이었지.

 '유엔 기후 변화 협약'을 맺은 회원국들은 1997년 일본 교토에서 회의를 가졌어. 온실가스 배출에 책임이 큰 38개 국가가 2008년부터 2012년까지 5년 동안 1990년의 배출량을 기준으로 평균 5.2퍼센트만큼을 감축하기로 했지. 이 결정을 '교토 의정서'라고 해.

 '교토 의정서'를 실천하려면 두 가지 조건이 필요했어. 먼저 '유엔 기후 변화 협약' 회원국 중에서 55개 나라 이상이 찬성해야 했어. 또 하나는, 이 나라들 중에서 선진국의 이산화 탄소 배출량이 전 세계 배출량의 55퍼센트를 넘어야 했어. 이 두 가지 조건이 모두 갖추어진 건 2004년이야. 이때부터 '교토 의정서'가 효력을 나타내기 시작했고, 회원국들은 2008년부터 2012년까지 약속을 실천하기 위해 노력했단다.

하지만 선진국 중에서 '교토 의정서'에 찬성하지 않은 나라가 하나 있어. 바로 미국이야. 미국은 1인당 이산화 탄소 배출량이 세계에서 가장 많은 나라야. 하지만 배출량 감축에 비용이 너무 많이 든다며 '교토 의정서'에 반대하고 있어. 지구 온난화에 가장 큰 영향을 끼치고 있는 나라가 지구 온난화를 막기 위한 노력에는 소극적인 거지. 그래서 유엔은 미국에 지구 온난화 해결에 앞장서라고 촉구하고 있어.

껍데기만 남은 '교토 의정서'

'교토 의정서'는 2008년부터 2012년까지 효력이 있다고 했지? 2013년 이후에는 어떻게 되었을까? '유엔 기후 변화 협약' 당사국 총회는 지구 온난화 문제를 계속 해결하기 위해 '교토 의정서'의 효력을 2020

더 알아보자!

용머리 해안이 물에 잠기고 있어

우리나라 제주도 남쪽에 '용머리 해안'이라는 곳이 있어. 500미터 가까이 산책로가 만들어져 있는데, 경치가 무척이나 아름답지. 유네스코 세계 자연유산에 선정된 곳이기도 해. 1987년 용머리 해안에 산책로가 만들어질 때만 해도 이곳은 바닷물에 잠기는 일이 거의 없었어. 그런데 요즘엔 하루 평균 4~6시간씩 바닷물에 잠기고 있어. 지구 온난화로 해수면이 점점 높아지고 있기 때문이야. 이대로 지구 온난화가 계속된다면 우리는 용머리 해안을 바닷속에서나 볼 수 있게 될지도 몰라.

년까지 연장하기로 결정했단다.

하지만 대규모 온실가스를 배출하는 미국, 중국, 일본, 러시아, 인도 등이 이번 총회에서 '교토 의정서' 연장에 반대했어. 결국 '교토 의정서'는 있으나 마나 한 것이 되고 말았지. 중국과 인도는 개발 도상국이라는 이유로 제외되었고, 그동안 의무적으로 배출을 줄였던 일본, 캐나다, 뉴질랜드 등도 자기네만 부담할 수 없다며 발을 뺐지.

그 결과 '교토 의정서'에 계속 참여하는 국가는 유럽 연합 27개국과 오스트레일리아, 스위스 등 8개 선진국을 포함하여 총 35개국만 남게 되었어. 이들의 온실가스 배출량을 모두 합쳐도 전 세계 배출량의 15퍼센트에 불과하단다(우리나라는 개발 도상국으로 분류되어 '교토 의정서'에 가입되지 않았어).

지구 온난화로 인한 해수면 상승으로 영토가 물에 잠길 위기에 처한 몰디브, 파푸아 뉴기니 등 몇몇 나라는 "선진국들이 기후 변화 방지에 참여하지 않고 있다."라며 비판하고 있어.

생존을 위해 함께 노력해야 하는 일인데, 이런저런 핑계를 대며 참여하지 않으려고만 하니 무척 답답하구나. 지구 온난화 문제를 더 이상 해결할 수 없는 상황에 이르러서야 정신을 차리게 될까?

사막화를 막기 위한 노력

해마다 봄이 되면 우리나라 하늘이 종종 누렇게 변하곤 하지. 그걸

우리가 지구를 구할 수 있는 방법

1회용품 쓰지 않기

급식 남기지 않기

양치질할 때 컵에 물 받아 쓰기

휴지 대신 손수건 쓰기

비닐봉지 대신 장바구니 쓰기

쓰레기 분리수거 하기

냉장고 문 자주 열지 않기

겨울에 내복 입기

가까운 거리는 걷거나 자전거 타기

황사라고 해. 황사 현상은 중국, 몽골을 비롯해서 아시아 대륙에 있는 사막과 황토 지대의 작은 모래나 먼지가 하늘을 떠다니다가 바람을 타고 멀리 날아가 떨어지는 걸 말해.

 황사는 하늘을 누렇게 만들기만 하는 게 아니야. 여러 질병을 일으키지. 황사가 우리 몸속에 들어가면 목이 아프거나 숨 쉬기가 어려워지는 경우가 많아. 피부에 닿으면 알레르기를 일으키기도 하고 말이야. 그런데 황사는 중국, 몽골, 우리나라만 노력한다고 해서 해결할 수 있는 문제가 아니야. 하늘에 국경선이 따로 있는 것도 아닌데, 어떻게 몇몇 나라의 노력만으로 막을 수 있겠어?

 매년 봄마다 우리나라에 황사가 날아오는 건 중국과 몽골 지역에서 사막화 현상이 나타나고 있기 때문이야.

사막화는 토지가 사막처럼 되어 가는 것을 말해. 가뭄이 오랜 시간 계속되어 땅이 건조해져서 나타나기도 하고, 개발을 한다는 이유로 사람들이 나무를 베고 공장을 만드는 바람에 나타나기도 하지. 최근에는 해마다 서울 면적의 4배만 한 면적의 토지가 사막으로 바뀌고 있다고 해. 사막화가 계속되면 농경지의 수확량이 적어지고, 생명체들도 더 많이 죽어 갈 거야.

　유엔은 지구 온난화 못지않게 사막화 역시 중요한 환경 문제로 여겼어. 1994년 6월 17일 프랑스 파리에서 '유엔 사막화 방지 협약

(UNCCD)'이 체결되고, 1996년에 정식으로 발효되었단다. 이 협약의 목표는 사막화로 피해를 입은 나라들을 돕고, 사막화가 우려되는 개발 도상국에 사막화를 방지하기 위한 지식이나 기술을 지원하는 것이란다.

'유엔 사막화 방지 협약'에 가입한 나라는 모두 194개 나라야. 1997년부터 매년 한 차례씩, 그리고 2001년 이후부터 2년에 한 번씩 총회를 열어 사막화를 막기 위해 노력하고 있지. 10차 총회는 2011년 우리나라의 경상남도 창원에서 열리기도 했단다.

뱀머리돌고래가 죽은 까닭은?

1997년 미국의 해양 조사선 선장 찰스 무어는 배를 타고 하와이에 갔다 돌아오는 길에 북태평양의 낯선 바다로 접어들었다가 뜻밖에도 '북태평양의 거대 쓰레기 지대'를 발견했어. 페트병, 칫솔, 장난감 등 플라스틱 폐기물과 버려진 어망들 천지였지.

'북태평양의 거대 쓰레기 지대'는 크기가 한반도의 7배나 돼. 게다가 2011년 3월 동일본 대지진과 쓰나미 때 생겨난 주택 잔해와 쓰레기까지 몰려들어 그 면적이 더욱 커지고 있다고 해. 문제는 거대 쓰레기 지대가 북태평양에만 있는 것이 아니라는 거야. 대서양과 인도양에도 쓰레기 섬이 생겨나고 있단다.

쓰레기 지대는 단지 보기에만 안 좋은 것이 아니야. 바다 생태계를 파괴하는 주범이기도 하지. 유엔환경계획은 해마다 바닷새 100만 마리, 고래나 물범 같은 해양 포유동물 10만 마리가 플라스틱 조각을 먹이로 알고 먹거나 어망에 걸려 죽어 가고 있다고 경고했어.

 그럼 우리나라는 바다 쓰레기에 대해 책임이 없을까? 국립수산과학원 고래연구소는 2012년 8월 제주 앞바다로 떠밀려 온 뒤 치료를 받다 죽은 뱀머리돌고래를 최근에 부검했어. 그 결과는 충격적이었어. 죽은 돌고래의 위 속에는 비닐, 끈 뭉치 등이 있었고, 그것 때문에 장이 막혀 음식을 제대로 삼키지 못해 죽고 말았다는 거야.

 바다 쓰레기의 영향이 바다 동물들을 죽이는 것으로만 끝날까? 그 피해는 결국 인간에게 돌아오게 될 거야. 유엔환경계획 등 여러 환경 기구를 중심으로 이 문제를 빨리 해결하지 않으면 안 될 것 같구나.

우리가 직접 만나 봤어!

유엔환경계획 한국위원회 교육 팀
한지희 팀장

 한지희 팀장님, 안녕하세요? 이렇게 시간 내 주셔서 감사합니다. 유엔환경계획(유넵) 한국위원회 교육 팀에서 일하고 계시죠? 주로 어떤 일을 하시나요?

어린이와 청소년을 대상으로 환경 교육을 하고 있어요. 가장 중요한 일은 2003년 유넵 본부에서 마련한 툰자(TUNZA) 프로그램을 운영하는 것이죠.

 '툰자'라는 말이 생소한데요, 무슨 뜻인가요?

툰자는 스와힐리 어로 '배려와 애정으로 대하기'라는 뜻입니다. 유넵에 가입된 나라에는 모두 툰자 프로그램이 있어요. 물론 우리나라에도 있고요. 해마다 환경에 관심 있는 어린이와 청소년을 골라 뽑아서 환경 리더로 키우는 일을 합니다. 그리고 세계 각국의 툰자 대표들이 모여 유넵 툰자 세계 어린이·청소년 환경 회의를 여는데, 우리나라 툰자 대표도 여기에 참석을 합니다.

 '툰자 프로그램'에 뽑힌 어린이와 청소년은 주로 어떤 활동을 하나요?

현재 세계적으로 어떤 환경 문제가 있는지 배우기도 하고, 환경을 개선하기 위한 실천 활동도 합니다. 《툰자》라는 잡지도 발행하고요.

환경 개선을 위한 활동이라면 귀찮고 어려운 일도 많겠죠?

그렇지 않아요. 보통 '환경 개선'하면 어렵게 생각을 하는데, 생활 속에서 쉽게 실천할 수 있는 일이 많아요. 자가용보다는 대중교통 이용하기, 1주일에 한 번쯤은 걸어 다니기, 외식을 줄인다거나 음식물 쓰레기를 줄이고, 종이컵처럼 잘 썩지 않는 것은 재활용하는 것, 주로 이런 실천들이죠. 이렇게 생활 속에서 작은 것 하나부터 실천하면 세계의 환경을 보호하는 데에도 도움이 되지만, 우리 몸도 건강해지고 절약도 할 수 있어서 일석이조죠.

'툰자 프로그램'에서 활동하는 어린이와 청소년은 외국에도 자주 가나요? 외국 친구들과 만나면 어떤 일들을 하나요?

유넵 툰자 세계 어린이·청소년 환경 회의에 참석해 다른 나라 친구들과 환경 문제에 대해 이야기를 나누지요. 환경 문제는 나라마다 다 달라요. 황사 문제가 심각한 나라도 있고, 지구 온난화와 해수면 상승으로 어려움을 겪는 나라도 있죠. 그러니 나라들마다 환경 개선을 위해 실천하는 방법도 다 다르겠죠. 이 회의에서는 저마다 환경 개선을 위해 어떻게 노력하는지 이야기해요. 그리고 더 좋은 실천 방법에 대해 아이디어를 나누기도 하죠. 이때 나온 회의 결과는 어른들의 유넵 회의에 반영되기도 한답니다. 우리가 하나의 지구촌 가족이라는 생각도 하게 되고, 함께 노력해야 한다고 마음속으로 다짐도 하게 되죠.

환경 문제는 전 세계의 문제이면서 또 우리의 문제이기도 합니다. 가장 피부로 느끼는 것이 봄마다 찾아오는 황사인데요, 그걸 막기 위해 유넵에서는 어떤 노력을 하고 있나요?

황사가 심해진 건 사막화 현상 때문이잖아요? 그래서 중국과 몽골의 사막에 나무 10억 그루 심기 프로그램을 진행해요. 나무를 심어 사막을 초원으로 만들고 공원을 조성하는 거죠. 이미 목표를 초과해서 12억 그루의 나무를 심었어요. 하지만 사막에 나무를 심는 것은 쉬운 일이 아니에요. 특히 심어 놓은 나무들이 잘 자라도록 유지하는 것은 훨씬 어렵죠. 그래서 나무들이 잘 자랄 수 있도록 꾸준히 관리하기 위해 노력하고 있답니다.

유넵에서 일하면서 가장 보람을 느낄 때는 언제인가요?

툰자 프로그램을 통해 어린이와 청소년의 생각이 바뀌는 걸 볼 때마다 보람을 느끼죠. 소속 친구들 중에는 학교에서 헌 옷을 재활용하는 일을 주도한 친구도 있어요. 동네마다 헌 옷 수거함이 있죠? 그런데 이 수거함이 무분별하게 설치되어 오히려 환경 오염이 된다는 지적이 많아요. 그래서 그 친구는 교장 선생님의 허락을 받아서 전교생 부모님들에게 가정 통신문을 보내고, 헌 옷을 모아 여러 자선 단체에 보내는 일을 했다고 해요. 또 집에서 텃밭을 가꾸는 친구들도 있어요. 엄마, 아빠와 함께 텃밭을 가꾸면서 환경을 위해 무언가를 실천한다는 뿌듯한 마음도 느

몽골에서 진행한 10억 그루 나무 심기 프로그램

세계의 친구들과 함께하는 툰자 프로그램

끼고 가족 간의 유대감도 느낄 수 있지요. 이렇게 유넵에서 배운 내용을 집이나 학교에 돌아가서 실천하는 친구들의 모습을 보면 정말 뿌듯하다는 생각이 듭니다.

 유넵에서 일하고 싶은 어린이들은 앞으로 어떤 걸 준비하면 좋을까요?

유넵에서 일하려면 학교 성적도 좋아야 하고 영어도 잘해야겠죠. 하지만 무엇보다도 중요한 건 평소에 환경 문제에 관심을 많이 가지고 생활 속에서 작은 것부터 실천하기 위해 노력하는 거예요. 그런 관심과 실천이 하나둘씩 쌓이다 보면 환경 전문가가 될 수 있고, 그러면 자기도 모르는 사이에 유넵에서 원하는 인재가 되어 있을 거예요. 혼자서는 재미가 없다고요? 그럼 유넵 툰자 프로그램에 문을 두드려 보세요. 친구들과 함께라면 더 즐겁게 배우면서 준비할 수 있으니까요.

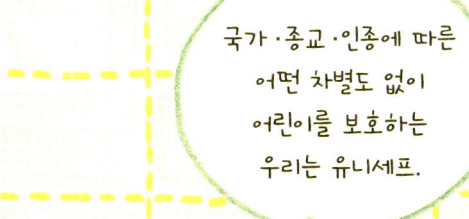

국가·종교·인종에 따른 어떤 차별도 없이 어린이를 보호하는 우리는 유니세프.

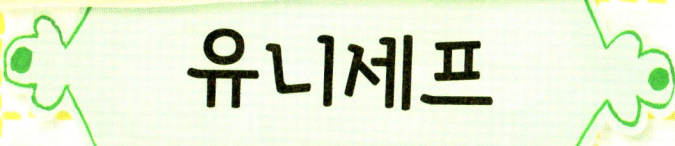

어린이가 살기 좋은 세상

유니세프

어린이의 기본 권리는 뭘까?

생존권

어린이는 안전한 집에서 깨끗한 물과 영양가 있는 음식을 먹고, 아플 때 치료받을 권리가 있어.

보호권

학대와 차별, 방임, 폭력, 힘든 노동 등 어린이에게 해로운 모든 것으로부터 보호받아야 하지.

발달권

원하는 교육을 받고, 문화생활을 즐길 권리가 있어. 또 생각과 양심과 종교의 자유를 누릴 수 있지.

참여권

자신의 생활에 영향을 주는 일에 대해 의견을 말할 수 있고, 단체에 가입하거나 집회에 참여할 수도 있지.

우리의 권리니까 제대로 알고 있어야겠지?

어느 소년병 이야기

2007년 11월 20일, 시에라리온이라는 나라 출신의 한 청년이 유니세프 대사로 임명되었어. 그의 이름은 이스마엘 베아. 이 청년 대사는 좀 특별한 경험을 가진 사람이야. 먼저, 낯선 시에라리온이란 나라부터 살펴볼까?

시에라리온은 서아프리카에 있는 작은 나라인데, 1991년 내전이 일어났어. 반란군은 시에라리온의 다이아몬드 광산을 차지하고는 다이아몬드를 수출하여 번 돈으로 내전을 일으켰지.

그런데 반란군은 열여덟 살도 채 안 된 소년들을 병사로 만들어 전쟁터에 끌어들였어. 심지어 그중에는 다섯 살밖에 안 된 아이도 있었다는구나. 반란군은 소년병들에게 술과 마약을 먹여서 공포심 없이 전투에 나서 총을 쏘게 하고, 아무런 죄의식도 없이 마을 주민들을 학살하게 했단다.

내전이 끝날 줄을 모르자, 유엔은 직접 나섰어. 그중에는 유니세프의 활동도 포함되어 있었지. 유니세프는 시에라리온에 들어가 수많은 아동을 구해 보호하는 일을

했어. 이 중에는 정부군에 붙잡힌 반란군의 소년병들을 교육시켜 다시 사회에 내보내는 일도 포함되어 있었지. 소년병들은 죄책감 때문에 고향으로 돌아가지 못한 채 방황하고 있었는데, 유니세프는 그들을 잘 보살펴 주었단다.

그런 소년병 중에 미국으로 건너가 양부모를 얻고 그곳에서 새로운 인생을 시작한 아이도 있었어. 학업을 마치고 세계 아동을 위한 인권 운동가가 되었지. 그가 바로 이스마엘 베아야. 유니세프는 소년병이 마음속에 지닌 상처를 치유해 주었는데, 그 소년병이 훌륭하게 자라서 유니세프를 위해 일하게 된 거지.

세계의 어린이 문제는 우리에게 맡겨라

유엔은 세계에서 일어나는 여러 가지 문제를 해결하기 위해 앞장서고 있는데, 그중에는 어린이를 위한 활동도 포함되어 있어. 특히 1989년 채택한 '유엔 아동 권리 협약(UN Convention on the Rights of the Child)'에는 어린이의 생존과 보호, 발달, 참여의 권리에 대한 내용이 들어 있단다.

2002년에는 유엔이 아동 특별 총회를 열었어. 이 총회는 유엔이 오직 어린이만을 위해 개최한 최초의 회의라고 해. 69개국 정상과 189개국 대표 등 어른들뿐 아니라 어린이 대표들도 참석했단다. 이 회의에서는 우리에게도 잘 알려진 결정이 하나 내려졌어. 같은 해에 한·일

유니세프 분야별 원조 규모
(2006년 현재)

- 51% 유아 사망률 감소와 어린이 성장
- 21.3% 기초 교육과 성 평등
- 11% 어린이 권리 홍보
- 10.2% 어린이 보호
- 5.5% 어린이 에이즈 예방
- 1.0% 기타

월드컵이 열렸지? 유엔과 국제축구연맹(FIFA)은 "2002년 한·일 월드컵을 어린이에게 바친다."라고 발표하고, 월드컵을 통해 전 세계 어린이들이 겪고 있는 여러 문제를 알리겠다고 약속했단다.

이렇게 유엔은 창립 이후 어린이 문제를 해결하기 위해 여러 가지 활동을 해 왔어. 그리고 어린이 문제를 전문적으로 처리하기 위해 여러 조직을 두었단다. 그중에서도 가장 역사가 오래되고 가장 활발하게 활동하는 조직이 바로 앞에서 말한 유니세프야.

유니세프는 우리말로 하면 '유엔아동기금'이란 뜻이야. 유엔이 탄생하고 1년 뒤인 1946년 12월 11일에 설립되었어. 유니세프는 유엔 산하 기구인데, 유엔 총회를 거쳐 창설된 최초의 유엔 기구란다.

유니세프가 설립된 건 제2차 세계

대전과 관계가 있어. 주요 전쟁터였던 유럽에는 전쟁이 끝나고 나서도 배고픔과 질병으로 고통받는 어린이가 많았어. 유니세프는 600만 명이 넘는 유럽 어린이들에게 매일 우유와 빵을 주었다는구나. 그 뒤에는 팔레스타인과 중국 등 세계 각지의 어린이들에게로 도움의 손길을 넓혀 나갔어. 우리나라 역시 마찬가지야. 한국 전쟁으로 가난했던 시절, 어린이였던 반기문 유엔 사무총장도 유니세프에서 준 분유를 먹고, 유니세프에서 준 학용품을 썼다는구나.

이후 유니세프는 '어린이 인권 선언(Declaration of Rights of the Child)'을 채택했을 뿐 아니라 노벨 평화상을 수상하기도 했어. '세계 아동의 해'를 정해 어린이를 위해 다양한 사업을 벌이기도 했지.

세계 각지로 뻗어 나간 유니세프 조직

유니세프 본부는 미국 뉴욕에 있어. 36개의 이사국으로 구성되어 있지. 이사회는 유니세프의 정책을 수립하고 계획을 검토하며 사업 예산을 승인하는 일을 한단다. 3년마다 이사국을 새로 선출하는데, 지역별로 이사국의 수가 정해져 있어. 아프리카 8개국, 아시아 7개국, 동유럽 4개국, 라틴 아메리카 및 카리브 해 연안 5개국, 서유럽을 비롯한 선진국 12개국이지.

유니세프의 가장 중요한 역할은 구호를 받아야 하는 나라의 어린이들에게 구호 물품을 전달하는 거야. 유니세프에는 두 종류의 나라들

이 속해 있어. 하나는 구호 물품을 구입하는 데 필요한 기금을 마련하는 나라이고, 또 하나는 구호 물품을 받는 나라이지.

기금을 마련해 주는 나라들에는 유니세프 국가위원회가 조직되어 있어. 현재 세계 36개국에 유니세프 국가위원회가 있는데, 우리나라도 여기에 포함된단다. 반면 구호 물품을 받아야 하는 나라들에는 유니세프 대표 사무소가 설치되어 있어. 대표 사무소는 156개 개발 도상국에 설치되어 어린이의 영양·보건·위생과 환경·교육·보호·긴급 구호 등 여러 사업을 벌이고 있단다.

유니세프 국가위원회에서 마련한 기금은 어떻게 유니세프 대표 사무소로 전달될까? 유니세프는 국가위원회에서 마련한 기금으로 구호 물품을 구입한 다음, 이 구호 물품들을 덴마크의 코펜하겐에 있는 물류 센터에 모아 두지. 그리고 개발 도상국 어린이에게 도움을 주어야 하는 상황이 발생하면, 코펜하겐 물류 센터의 구호 물품을 그곳으로 보낸단다.

유니세프의 다양한 활동

유니세프는 앞에서 말한 소년병 문제뿐 아니라 어린이의 영양·보건·위생·교육·긴급 구호 등 다양한 어린이 문제를 해결하기 위해 노력하고 있단다. 그중에서 몇 가지만 살펴보자꾸나.

어린이 영양

텔레비전 프로그램에서 뼈가 다 드러날 만큼 말라 보이는 아이들을 본 적이 있지? 엄마에게 안긴 갓난아기는 엄마 젖을 애타게 빨아 대지만, 엄마도 먹지 못했으니 젖이 제대로 나올 리가 없지. 10여 명의 아이들이 밥솥 주위에 빙 둘러앉아 밥을 먹는 장면도 종종 볼 수 있어. 이미 솥 바닥을 긁고 또 긁어서 더는 밥알이 남아 있지 않은데도 혹시나 하고 손을 떼지 못하는 아이들을 보면 눈물이 절로 나지.

해마다 개발 도상국에서는 920만 명이나 되는 다섯 살 미만 아이들이 죽어 가고 있어. 그런데 그중에서 절반이 넘는 아이들은 영양실조 때문에 죽은 거야. 영양실조에 걸리면 영양의 균형이 깨져 병에 걸리기 쉬워지고 그만큼 죽을 확률이 높아지는 거지.

유니세프는 배고픔과 영양실조에 시달리는 어린이를 보호하는 걸 가장 중요한 사업으로 여겨. 사느냐 죽느냐 하는 것이 인간에게 가장 기본이 되는 문제이기 때문이야.

유니세프는 어린이에게 식량을 공급할 뿐 아니라 영양의 균형이 맞도록 필수 영양소도 함께 공급하고 있단다. 갓난아기를 살리기 위해 엄마에게 충분한 영양을 공급하고, 아기가 모유 수유를 통해 엄마에게서 영양을 충분히 공급받도록 하는 일도 하지.

유니세프가 배고픈 어린이의 생명을 구하는 활동만 하는 건 아니야. 어린이가 어른이 될 때까지 건강하게 잘 자라도록 여러 프로그램을 실시하고 꾸준히 관리하는 일도 한단다.

어린이 노동

초콜릿 하면 가장 먼저 뭐가 떠올라? 달콤함? 매년 2월 14일 밸런타인데이 때는 초콜릿을 주고받으며 '사랑'이라는 말을 떠올릴지도 모르겠구나. 하지만 우리에게 달콤함과 사랑을 떠올리게 하는 초콜릿 때문에 고통과 슬픔을 느끼는 아이들도 있어. 무슨 말이냐고?

초콜릿의 원료는 카카오야. 카카오는 전 세계에서 매년 350만 톤 정도가 생산되는데(2010년 기준), 이 중 70퍼센트가 서아프리카의 가난한 나라들에서 생산되고 있어. 그런데 180만 명이 넘는 어린이들이 카카오 농장에서 일을 하고 있다는 사실을 아니?

카카오 농장 주인들은 임금을 조금만 주고 높은 수익을 올리기 위해 어린이를 고용해서 일을 시키고 있어. 카카오 농장에서 일하는 어린이 중에는 집이 가난해서 학교에도 못 가고 일을 해야 하는 아이도 있고, 인신매매를 당해 일을 하는 아이들도 많단다. 심지어 다섯 살밖에 안 된 어린 아이도 힘들고 위험한 일에 시달리고 있지. 초콜릿의 달콤함을 느끼며 자라야 할 나이에, 초콜릿 때문에 고통을 받고 있다니 정말 믿기지 않지?

 이런 '어린이 노동자'가 카카오 농장에만 있는 건 아니야. 아프리카와 아시아 여러 나라의 건축 현장이나 광산, 섬유 공장 등에서 힘겨운 일을 하는 어린이도 있고, 길거리에서 장사를 하거나 다른 집에서 가정부로 일하는 어린이도 있단다.
 국제노동기구(ILO)가 어린이 노동에 대해 조사했는데, 전 세계에서 2억 1500만 명의 어린이가 일을 하고 있고, 그중 절반이 넘는 어린이

들이 위험한 일을 하고 있다는구나. 유니세프는 어린이 노동자 중에서 다섯 살에서 열네 살 사이의 어린이가 1억 5000명에 이른다고 발표했어.

유니세프는 어린이 노동 문제를 해결하기 위해 여러 활동을 하고 있어. 국제노동기구와 함께 산업 현장을 돌아다니며 어린이 노동이 이루어지는 곳을 감시하고, 어린이 노동자를 구출해 집으로 돌려보내는 일을 하고 있지.

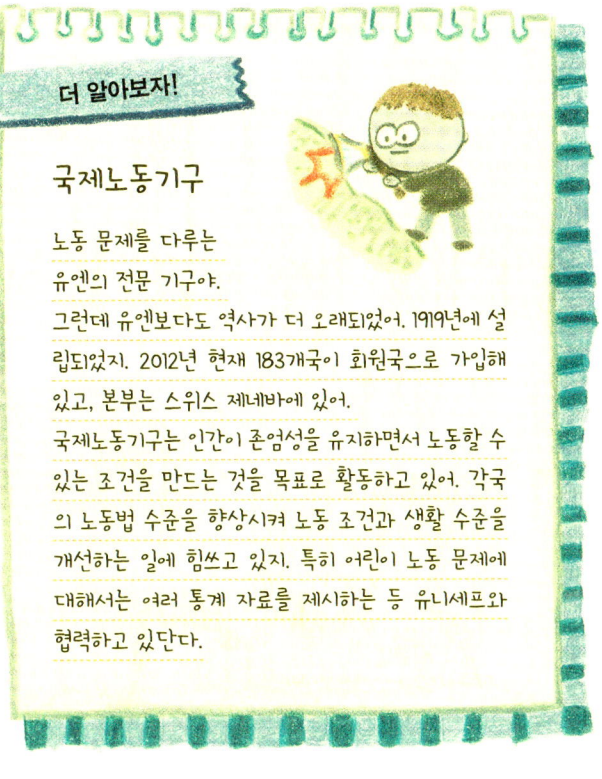

더 알아보자!

국제노동기구

노동 문제를 다루는 유엔의 전문 기구야. 그런데 유엔보다도 역사가 더 오래되었어. 1919년에 설립되었지. 2012년 현재 183개국이 회원국으로 가입해 있고, 본부는 스위스 제네바에 있어.
국제노동기구는 인간이 존엄성을 유지하면서 노동할 수 있는 조건을 만드는 것을 목표로 활동하고 있어. 각국의 노동법 수준을 향상시켜 노동 조건과 생활 수준을 개선하는 일에 힘쓰고 있지. 특히 어린이 노동 문제에 대해서는 여러 통계 자료를 제시하는 등 유니세프와 협력하고 있단다.

하지만 어린이를 집으로 돌려보내도 가난하여 먹고살기가 힘들면 다시 그 어린이는 노동자가 될 수밖에 없겠지? 그래서 보조금을 지원해서 생계를 유지하게 하고, 어린이를 학교에 보내는 일도 하고 있어. 그리고 매년 6월 12일을 '세계 아동 노동 반대의 날'로 정하고, 어린이 노동자를 쓰려는 고용주들을 대상으로 어린이 노동이 얼마나 잘못된 것인지를 알리는 일도 하고 있단다.

우리가 직접 만나 봤어!

전 유니세프 한국위원회 교육문화국
송신혜 팀장

 유니세프는 팀장님이 어릴 적부터 꿈꾸던 직장이었나요?

아니에요. 사실 전 대학 시절 심리학을 전공했어요. 그때만 해도 유니세프에 대해선 생각조차 해 본 적이 없었죠. 다만 저는 인권 문제에 관심이 많았어요. 국제 인권 전문가가 되기 위해 국제 대학원에서 공부했죠. 졸업 후 유엔난민기구에서 인턴으로 일하며 그때부터 어린이 인권에 대해 큰 관심을 갖게 되었고, '세이브더칠드런(Save the Children)'을 거쳐 유니세프에 들어갔어요.

 유니세프 한국위원회의 교육문화국에서 일하셨죠? 주로 어떤 일을 하셨나요?

어린이와 청소년을 대상으로 어린이의 권리가 얼마나 소중한지 가르쳐 주는 일을 했어요. 학교나 사회단체를 찾아가 강연을 하기도 하고, 신문을 발간하기도 했죠. 제가 한 일 중에는 '아우인형만들기'라는 캠페인도 있어요. 인형을 손수 만들어 다른 사람에게 분양을 하고, 그 대신 후원금을 받아 기금으로 사용하는 거죠. 여러분도 아우인형 한번 만들어 보세요. 엄마, 아빠와 함께 만들면 재미도 있고, 다른 나라의 어려운 친구를 도와줄 수도 있어서 보람이 크답니다.

 유니세프 가입국 중에는 도움을 주는 나라도 있고 도움을 받는 나라도 있죠? 우리나라는 어디에 속하나요?

우리나라는 1950년 유니세프에 가입했어요. 그때는 도움을 받는 나라였죠. 하지만 1994년에 도움을 주는 나라가 되었답니다. 이렇게 도움받는 나라에서 도움 주는 나라가 된 경우는 우리나라가 유일해요. 후원금 모금 성적도 무척 우수해요. 2012년에 1000억 원을 모금해서 36개 가입국 중에서 4위를 차지했을 정도니까요.

유니세프에서 일하면서 외국에도 많이 가셨을 것 같은데요, 다른 나라 어린이들의 모습은 어떤가요?

저는 유니세프 한국위원회 소속이었기 때문에 주로 한국에서 일했어요. 국제회의를 하거나 홍보 영상을 만들기 위해 종종 외국에 나가긴 했지만요. 가장 기억에 남는 나라는 필리핀이에요. 수도 마닐라의 공항에 내렸는데, 아이들이 몰려와 구걸하는 모습을 보고 깜짝 놀랐지요. 그곳은 가난한 사람과 부유한 사람의 차이가 무척 컸어요. 가난한 아이들 중에는 학교에 못 가는 건 물론이고 부모님의 일손을 거들기 위해 힘든 일을 하는 아이들도 무척 많았어요. 유니세프에서 세계의 어린이들을 열심히 도와주고 있지만 아직도 부족한 점이 많다는 걸 깨달았죠.

우리나라가 내는 후원금은 어떻게 다른 나라 어린이들에게 전달되죠?

전 세계에 있는 유니세프 국가위원회에 모인 후원금은 먼저 뉴욕에 있는 유니세프 본부로 모여요. 그중 일정한 금액은 북한, 몽골, 베트남 등 미리 정해 놓은 지역으로 보내고, 나머지 금액은 다른 지역에 보내는데, 그중 절반은 아프리카의 사하라 사막 이남 지역으로 가요. 그리고 어린이의 영양과 보건에 절반 이상을 사용하지요.

유니세프 말고 월드비전(World Vision), 세이브더칠드런 등 다른 단체도 있잖아요. 유니세프는 그런 단체들과 어떻게 다른가요?

유니세프는 유엔의 산하 기구이고, 월드비전이나 세이브더칠드런은 민간에서 운영하는 단체예요. 규모는 유니세프가 훨씬 크죠. 유니세프는 주로 큰 사업을 많이 해요. 한 나라의 학교 시설 전체를 바꾸거나, 교과서를 새로 만들거나 하는 일을 하죠. 그럼, 작은 마을이나 가정에 있는 아이들은 어떻게 도와줄까요? 이런 작은 단위의 일들은 주로 월드비전이나 세이브더칠드런 같은 민간 단체에서 도맡아 한답니다. 물론 필요할 때는 유니세프의 지원을 받기도 하고요.

일하다 보면 속상할 때도 있었을 것 같아요.

우리나라에도 가난한 사람이 많은데 왜 다른 나라 사람을 도와주느냐고 묻는 사람들이 종종 있어요. 이렇게 말씀드리고 싶어요. 우리나라는 1950년 가입 이후 40년이 넘게 다른 나라의 도

어린이들이 직접 만들어 보내 준 아우인형들

움을 받아 왔어요. 우리나라가 도움을 준 지는 20년 정도밖에 되지 않았죠. 은혜를 갚는 건 당연하다고 생각해요. 또 기업들 중에 후원금을 많이 낼 테니 자기 기업을 홍보해 달라고 부탁하는 경우도 있어요. 그럴 때마다 좀 속상하곤 했죠.

 유니세프에서 일하면서 가장 보람을 느낄 때는 언제인가요?

저의 강연이나 교육을 통해 사람들이 어린이의 생명을 소중히 여기고 나눔의 기쁨을 깨닫는 모습을 볼 때 가장 큰 보람을 느꼈어요. 후원금을 내고 아우인형만들기 캠페인에 참여하는 것도 물론 좋지만, 평소에 어려운 어린이들을 생각하면서 음식을 남기지 않거나 작은 물건 하나라도 소중하게 여기는 것도 중요하다고 생각해요.

 나중에 커서 유니세프에서 일하고 싶어 하는 친구들이 많이 있어요. 어떻게 준비하면 될까요? 영어 공부는 기본이겠지요?

영어 공부도 열심히 하고 국제기구에 대해서도 많이 배워야 하지만, 그보다 더 중요한 것이 있어요. 몸으로 직접 겪어 보는 거예요. 세계 여행을 하며 여러 나라의 다양한 문화를 익히고, 해외 봉사 활동을 다니면서 그 나라 어린이들이 어떻게 살고 있는지를 두 눈으로 보는 거죠. 그러면서 어린이의 인권이 왜 중요한지를 깨달아야 해요. 그런 경험을 하고 여러 가지를 깨달은 친구들이라면 누구든지 유니세프에 도전할 수 있답니다.

세계 평화를 지키기 위해서는 군사·정치·경제 지원뿐만 아니라 과학·문화·교육 등 지적인 활동을 지원하는 일도 아주 중요해. 그 일을 유네스코에서 맡고 있지.

세계 유산을 지켜라 유네스코

파괴되는 세계 유산들

아프가니스탄의 바미얀 계곡에 절벽을 깎아서 만든 유명한 불상이 두 개 있었어. 1500년 전쯤에 만든 불상인데, 하나는 높이가 37미터, 또 하나는 53미터나 되는 거대한 불상이었지. 세계적으로 무척 중요한 불교 문화유산이었는데, 2001년 탈레반 정권의 폭격으로 파괴되고 말았단다.

바미얀 계곡의 불상처럼 세계 곳곳의 문화유산이나 자연유산 중에는 전쟁으로 파괴되는 것이 무척 많아. 전쟁뿐이겠어? 지진, 홍수와 같은 자연재해나 경제 개발 때문에 파괴되기도 하지.

유엔은 설립 이후 오랫동안 세계의 문화유산이나 자연유산을 보호하는 활동도 활발히 펼쳐 왔어. 국제 안보와 인류의 평화 못지않게 세계 유산을 보호하는 것도 중요하다고 생각하기 때문이지. 가장 활발하게 활동하는 조직은 유네스코(UNESCO)야. 유네스코는 전쟁, 자연재해, 경제 개발로 세계의 문화유산이 파괴되는 걸 막기 위해 여러 가지 노력을 하고 있단다.

유네스코의 탄생

20세기에 일어난 두 번의 세계 대전으로 인류는 너무나도 크나큰 아픔을 겪어야 했어. 그런 아픈 역사를 되풀이하지 않기 위해 만든 것이 바로 유엔이지. 그럼 큰 전쟁을 막는 가장 좋은 방법은 무엇일까?

앞에서도 이야기한 것처럼, 다른 나라를 침략한 나라를 벌주고, 평화유지군을 파견하고, 핵무기를 줄이면 국제 평화와 안보에 큰 도움이 될 거야. 하지만 이런 활동으로 전쟁의 피해를 줄일 수는 있어도 전쟁이 일어나는 걸 근본적으로 막기는 어렵겠지?

유엔은 전쟁을 막으려면 정치·군사·경제 분야뿐 아니라 교육·과

유네스코 헌장

전쟁은 인간의 마음속에서 생기는 것이므로, 평화의 방벽을 세워야 할 곳도 인간의 마음속이다. 서로의 풍습과 생활에 대한 무지는 세계 국민들 사이에 의혹과 불신을 초래했다. …… 평화를 잃지 않기 위해서는 인류의 지적·도덕적 연대 위에 평화를 건설하지 않으면 안 된다.

학·문화 등 지적인 활동에서도 전 세계가 함께 협력해야 한다고 생각했어. 그래서 만든 조직이 바로 유네스코란다.

 유네스코는 정치·경제·난민·환경 분야의 국제기구에 비하면 별로 중요하지 않을 것 같기도 해. 교육·과학·문화가 중요하긴 하지만, 인류의 기본적인 생활에 당장 큰 도움을 주는 건 아니니까 말이야. 그러나 유네스코를 창립한 사람들의 생각은 달랐어. 전쟁을 막고 평화를 지키기 위해서는 다른 나라, 인종, 민족에 속한 사람들이 서로를 이해할 수 있어야 한다고 생각했지. 이러한 정신은 '유네스코 헌

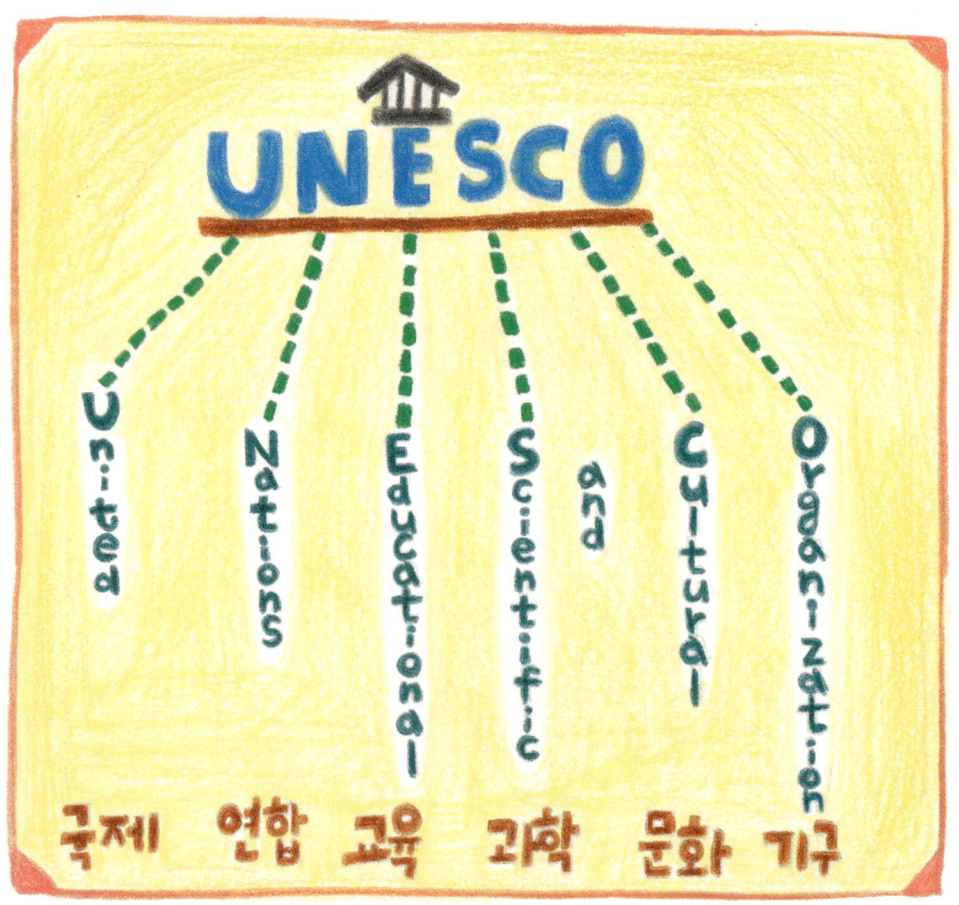

장'에도 잘 나타나 있어.

유네스코는 그동안 교육·과학·문화 분야에서 다양한 활동을 해 왔어. 교육 분야에서는 평생 교육을 실현하기 위해 노력했고, 과학 분야에서는 인류의 번영을 위한 과학을 창조하는 데 앞장섰지. 문화 분야에서는 세계 유산을 보호하는 역할을 주로 했단다. 이 중에서 유네스코의 문화 분야 활동을 좀 더 자세히 살펴보려 해.

고대 문명 유적지를 보호하라

지금부터 60여 년 전 이집트에서 있었던 일이야. 1950년대에 이집트 정부는 나일 강 유역에 아스완 하이 댐을 건설하기로 했어. 전력 생산을 늘리고 수자원을 많이 확보하기 위해서였지.

그런데 이 건설 계획에는 심각한 문제가 있었어. 아스완 하이 댐을 건설하면 오랜 역사를 자랑하는 고대 유적들이 물에 잠길 수밖에 없었거든. 여기에는 이집트의 아스완 지역은 물론이고, 수단의 누비아 유적에 있는 아부심벨 신전과 이시스 신전 등이 포함되어 있었어. 찬란한 세계 문명의 발상지가 물에 잠긴다? 생각만으로도 끔찍한 일이었지. 그렇다고 해서 댐을 건설하지 않을 수도 없는 노릇이고.

이집트와 수단 정부는 유적들을 보호하고 싶었지만, 그럴 만한 재정적인 여유가 없었어. 그래서 유네스코에 도와 달라고 요청했어. 유네스코는 문제가 심각하다는 사실을 깨닫고는 전 세계에 이 사실을

알렸어. 물에 잠기게 될 유적들은 전 세계가 함께 보호해야 할 전 인류의 유산이라는 점을 강조했지. 그래서 50개 나라에서 8000만 달러(약 840억 원)를 모금했다는구나.

유네스코의 노력 덕분에 이집트와 수단은 유적을 보호하고 댐도 건설할 수 있었어. 1968년 아부심벨 신전을 해체해서 다른 장소로 옮기고, 1973년에는 수단 내에서 유적 발굴을 모두 끝마쳤지.

유네스코는 이 일을 통해 큰 교훈을 얻었어. 세계 곳곳에 이집트와 수단처럼 경제 개발을 하는 나라가 점점 많아질 텐데, 그럴 때마다 귀중한 세계 문화유산이 사라질 수 있다고 생각했지. 그래서 유네스코는 1972년 제17차 유네스코 정기 총회에서 '세계 유산 협약(The World Heritage Convention)'을 맺었단다. 인류 역사상 중요한 문화유산을 꾸준하게 관리하고 보호하기 위해서 말이야.

세계 유산을 선정하다

'세계 유산 협약' 내용 중에서 가장 중요한 건 세계 유산을 보호하는 거야. 이 협약에서 가장 중요한 의사 결정 기구는 세계유산위원회(WHC)야. 188개국 대표가 모인 총회에서 선출된 21개 회원국 대표들로 구성되지.

세계유산위원회는 해마다 한 차례씩 회의를 열어. 가장 중요한 일은 여러 국가가 신청한 문화유산과 자연유산 중에서 중요한 유산을 선정해서 유네스코 '세계 유산' 목록에 등재하는 거야.

　세계유산위원회는 여러 나라가 낸 세계 유산 신청서를 검토해. 그리고 전문 기구의 도움을 받아 해마다 '세계 유산' 목록에 등재할 유산들을 결정하지. 그뿐이 아니야. 이미 세계 유산으로 지정되어 있는 유산들이 잘 보전되고 있는지 관리해. 문제가 있는 경우에는 '위험에 처한 세계 유산' 목록에 등재하거나 해당 국가에 필요한 조치를 취하도록 권고하기도 하지.

　유네스코 세계 유산에는 전 세계 157개국의 962점이 등재되어 있는데(2012년 현재), 크게 문화유산, 자연유산, 복합유산, 이렇게 세 가지로 나누어 볼 수 있어.

　문화유산은 기념물이나 건축물, 유적지, 주거지 등 역사적·예술적·학문적으로 탁월한 가치를 지닌 유산을 말해. 이집트의 피라미드, 인도의 타지마할, 캄보디아의 앙코르 와트, 중국의 만리장성, 북한의 고구려 고분군, 우리나라의 창경궁 등이 문화유산이지. 모두 745점이야.

　자연유산은 자연적으로 생겨난 자연기념물이야. 과학적으로 연구 가치가 높은 것이나 예술적으로 뛰어난 자연물을 뜻하지. 네팔의 에베레스트 국립 공원, 러시아의 바이칼 호, 에콰도르의 갈라파고스 제도, 미국의 그랜드 캐니언, 우리나라의 제주 화산섬과 용암 동굴 등이 자연유산이야. 모두 188점이지.

　문화유산과 자연유산의 성격을 둘 다 지니고 있는 유산도 있어. 그런 유산을 복합유산이라고 해. 가장 대표적인 것이 페루의 마추픽추야. 모두 29점이란다.

　유네스코는 세계 유산뿐 아니라 세계의 무형 문화재나 중요 기록

물도 보호하려고 노력하고 있어. 그래서 인류 무형 문화유산과 세계 기록 유산을 선정하여 보호하는 일도 하고 있단다.

위험에 처한 세계 유산

유네스코의 역할은 세계 유산을 선정하는 것으로 끝나지 않아. 오히려 그다음이 더 중요하다고 할 수 있지.

'세계 유산 협약'의 세계 유산위원회는 세계 유산이 잘 보호받고 있는지, 잘 보존되고 있는지 감시해야 해. 그래서 세계 유산을 보유한 나라들로부터 정기적으로 보고를 받지. 이 보고를 통해서 세계유산위원회는 유적지들의 상태가 어떤지 점검하고, 문제가 있을 경우에는 어떤 조치를 취할지도 논의한단다. 별 문제가 없

더 알아보자!

유네스코와 한국의 유산
(2013년 현재)

✷ 유네스코 세계 유산(총 10건)
- 문화유산(총 9건): 석굴암과 불국사, 종묘, 해인사 장경판전, 수원 화성, 창덕궁, 경주 역사 유적 지구, 고창·화순·강화 고인돌 유적, 조선 왕릉, 한국의 역사 마을: 하회와 양동
- 자연유산(총 1건): 제주 화산섬 및 용암 동굴

✷ 인류 무형 문화유산(총 16건)
종묘 제례 및 종묘 제례악, 판소리, 강릉 단오제, 강강술래, 남사당놀이, 영산재, 제주 칠머리당 영등굿놀이, 처용무, 가곡, 대목장, 매사냥술, 줄타기, 택견, 한산 모시짜기, 아리랑, 김장 문화

✷ 세계 기록 유산(총 11건)
《훈민정음》,《조선왕조실록》,《직지심체요절》,《승정원일기》, 고려 대장경판 및 제경판, 조선 왕조《의궤》,《동의보감》,《일성록》, 5·18 민주화 운동 기록물,《난중일기》, 새마을 운동 기록물

는 세계 유산은 걱정할 필요가 없겠지. 하지만 위험에 처한 세계 유산도 있어. 지진, 폭풍우, 화재, 기상 이변 같은 자연재해로 파괴되거나 전쟁이나 무분별한 경제 개발 등 사람들에 의해 파괴되는 세계 유산도 적지 않지. 그런 유산들은 '위험에 처한 세계 유산'으로 따로 분류해서 특별 관리를 해. 앞에서 말한 바미안 계곡의 불상을 비롯해서 38점이 '위험에 처한 세계 유산' 목록에 올라 있단다(2012년 현재).

유네스코는 이러한 노력으로 수많은 세계 유산을 위험에서 구해 냈어. 그중 대표적인 것이 캄보디아의 앙코르 와트야.

앙코르 와트는 동남아시아 최대의 유적지 중 하나야. 9세기에서 15세기까지 크메르 왕조가 번성했는데, 그 왕조의 웅장한 건축물들로 이루어져 있지. 그런데 1970년대에 캄보디아가 전쟁에 휩싸여 앙코르 와트는 크게 파괴되었어. 그 결과 중요 유물이 30점 이상 사라지고, 전체 유적의 70퍼센트가 회복할 수 없을 정도로 파괴되었지. 게다가 왕궁의 유물 약 1000점이 파괴되거나 약탈당했단다.

그러자 유네스코가 앙코르 와트를 보호하기 위해 발 벗고 나섰어. 1983년 캄보디아에 조사단을 파견하여 훼손과 약탈이 어느 정도인지를 파악한 뒤 본격적인 보호 작업에 들어갔지. 유네스코가 그렇게 노력한 결과, 앙코르 와트는 10년 뒤인 1992년 세계 문화유산으로 등재되었어. 그리고 2004년 세계유산위원회는 앙코르 와트를 위협할 만한 요소들이 사라졌고, 보호와 복구 활동도 성공적으로 이루어졌다고 판단하고는 앙코르 와트를 '위험에 처한 세계 유산' 목록에서 제외시켰단다.

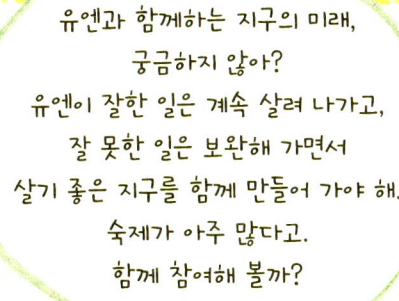

유엔과 함께하는 지구의 미래,
궁금하지 않아?
유엔이 잘한 일은 계속 살려 나가고,
잘 못한 일은 보완해 가면서
살기 좋은 지구를 함께 만들어 가야 해.
숙제가 아주 많다고.
함께 참여해 볼까?

유엔의 미래

변화가 필요한 유엔

유엔은 1945년 탄생한 이후 다양한 활동을 해 왔어. 국제 평화와 안보를 지키고, 개발 도상국의 경제 개발을 돕고, 난민과 어린이를 보호하고, 환경 문제를 해결하고, 세계 문화를 보호하는 등 무척 많은 일을 했지. 앞으로도 유엔이 좋은 역할을 많이 해 주면 든든할 거야.

하지만 유엔이 그런 역할을 계속 해 나가려면 풀어야 할 숙제도 많아. 세상이 변하면서 새로운 문제들이 끝없이 생겨나 골치를 썩이고 있으니까 말이야. 그럼 앞으로 유엔은 어떻게 해야 할까?

유엔이 설립된 뒤 60여 년 동안 세계의 모습은 참 많이 바뀌었어. 유엔도 그런 변화에 적응하기 위해 많은 노력을 해 왔지. 하지만 세계의 변화 속도는 점점 더 빨라지는데, 유엔은 거기에 미치지 못하고 있다고 생각하는 사람이 많아. 만약 새로운 문제를 해결하는 데 계속 실패한다면, 유엔은 국제연맹처럼 역사에서 사라져 버릴지도 몰라.

유엔이 앞으로도 계속 살아남아 정부 간 국제기구들의 중심 역할을 하려면 방법은 하나뿐이야. 새로운 변화에 맞추어 스스로를 바꾸어 나가야 해.

지금부터 유엔의 문제점이 무엇인지, 유엔이 미래로 나아가기 위해 어떻게 해야 할지 생각해 보자꾸나.

안전보장이사회부터 달라져야 해

유엔은 193개국이라는 어마어마하게 많은 나라가 모인 조직이야. 회원국들은 모두 유엔 안에서 평등한 대우를 받아. 한 나라가 한 표를 행사하는 유엔 총회만 봐도 그 점을 분명히 느낄 수 있지. 하지만 그건 겉모습일 뿐이야. 실제로는 몇몇 강대국의 힘이 크게 작용하는 조직이란다. 뭘 보고 그런 이야기를 하느냐고? 바로 안전보장이사회야. 그중에서도 상임 이사국이 가장 큰 문제이지.

미국, 영국, 프랑스, 중국, 러시아가 상임 이사국으로 정해진 건 유엔이 창립된 1945년이야. 모두 제2차 세계 대전의 연합국이자 당시 세계 최고의 강대국이었어. 하지만 지금은 이미 60여 년이나 지났어. 그런데도 이 다섯 나라가 계속 상임 이사국 자리를 차지하고 있어도 되는 걸까?

상임 이사국 5개국의 분배에도 문제가 있단다. 유럽이 세 자리, 북아메리카와 아시아가 각각 한 자리씩을 차지하고 있어. 아프리카, 남아메리카, 오세아니아는 한 자리도 없지. 또 상임 이사국 중에서 개발 도상국은 중국 하나뿐이야. 대부분의 회원국들은 유엔이 몇몇 강대국 중심으로 운영되는 걸 싫어해. 그러니 회원국들이 상임 이사국에 불만을 가질 수밖에 없겠지?

　안전보장이사회 자체에도 문제가 많아. 현재 안전보장이사회는 상임 이사국 5개국과 비상임 이사국 10개국으로 구성되어 있다고 했지? 하지만 유엔 회원국들은 안전보장이사회에 더 많은 나라가 참여할 수 있기를 바라고 있어. 개발 도상국들도 자기 목소리를 크게 낼 수 있도록 말이야.

　대부분의 유엔 회원국들은 안전보장이사회의 문제점에 대체로 동의하고 있어. 그래서 개혁을 위해 몇 가지 원칙을 세웠지. 첫째는 유엔에 재정적·군사적·외교적으로 더 많이 기여하는 회원국에 더 많은 권리를 주어야 한다는 거야. 둘째는 그동안 소외되었던 개발 도상국에게도 힘을 주어야 한다는 거지. 셋째는 안전보장이사회를 더욱 민주적이고 책임감 있는 조직으로 만들어야 한다는 거야.

 이런 안전보장이사회 개혁 요구는 아직 실현되지 않고 있어. 상임 이사국들은 자기들이 오랫동안 누려 온 권리를 잃고 싶어 하지 않을 테니까 말이야. 다른 회원국들이라도 힘을 합치면 좋겠지만 그마저도 쉽지 않은 것 같아. 개혁의 방법에 대해 생각이 많이 다르거든.

 하지만 세계에는 계속 새로운 문제가 생겨나고 있어. 이런 문제들은 더 많은 나라가 머리를 맞대야만 해결할 수 있어. 상임 이사국들도 언젠가는 지금의 안전보장이사회로는 새로운 문제를 해결할 수 없을 거라는 사실을 깨닫지 않을까? 그걸 깨닫는 날, 안전보장이사회는 새롭게 거듭날 수 있을지도 몰라.

유엔에 돈을 낸다고?

유엔은 회원국들의 회비로 운영되는 조직이야. 이런 회비를 분담금이라고 해. 하지만 193개 회원국이 모두 분담금을 똑같이 내는 건 아니야. 나라마다 경제력이 다르기 때문에 분담금 액수에도 차이를 두고 있지.

 유엔은 분담금을 내는 데 몇 가지 원칙을 만들어 두었어. 가장 부유한 일곱 개 나라가 유엔 전체 예산의 많은 부분을 책임지고, 남은 부분은 나머지 국가들이 지불하는 거지. 그리고 나라마다 내는 액수에 차이를 두고 있어. 각 나라의 국민 총소득, 1인당 국민 소득 등을

유엔 분담금 비율

(2013년 현재, 외교부 UN 사무국 자료)

미국 1위 — 22%
일본 2위 — 10.83%
독일 3위 — 7.14%

프랑스 4위 — 5.59%
영국 5위 — 5.17%
중국 6위 — 5.14%

이탈리아 7위 — 4.48%
······
한국 13위 — 1.99%

기준으로 하지.

유엔 분담금은 미국이 가장 많이 내고 있어. 그다음이 일본, 독일 순이야. 가장 적게 내는 나라 중에는 전체 예산의 0.001퍼센트를 분담하는 나라도 있단다. 한국의 경우 유엔 전체 예산의 1.99퍼센트를 부담하고 있고(2013년 현재).

미국은 분담금 비율에 가장 불만이 많은 나라야. 전체 예산의 22퍼센트를 내고 있거든.

일본과 독일도 불만스럽기는 마찬가지야. 미국은 분담금을 많이 내지만 그만큼 얻는 것도 많아. 안전보장이사회 상임 이사국으로서 힘을 발휘할 수 있으니까. 하지만 일본과 독일은 분담금은 많이 내면서도 유엔 안에서의 지위는 다른 회원국과 다를 게 별로 없어. 그래서 자기네 나라도 상임 이사국에 포함되어야 한다고 주장하고 있지. 뜻대로 잘 안 되고 있긴 하지만 말이야.

그렇다면 분담금을 적게 내는 나라들은 불만이 없을까? 미국이나 다른 선진국들에 비해 분담금을 상대적으로 적게 내는 나라들도 부담스럽기는 마찬가지야. 그런 나라들은 경제 규모가 작기 때문에 적은 액수의 분담금이라도 납부하는 것이 만만치가 않지.

상황이 이렇다 보니, 유엔 회원국들이 분담금을 제때 내지 않는 경우가 늘고 있어. 특히 가장 많은 분담금을 책임져야 하는 미국이 납부 기한을 미루는 경우가 많지. 그래서 유엔은 재정적으로 점점 어

려워지고 있단다.

 이 문제를 해결하기 위해서 유엔은 세계의 경제 기구들과 협력하고 있어. 예산이 많이 필요한 사업을 재정적인 여유가 있는 기구들에 맡기는 거지. 하지만 이런 일이 많아지면 새로운 문제가 생길 수 있어. 이런 기구들 중에는 몇몇 선진국이 지배하는 조직이 많아. 세계 전체가 아니라 자기네들의 이익을 더 중요하게 여길 가능성이 크겠지?

 결국 유엔이 재정 문제를 극복할 수 있는 가장 좋은 방법은 직접 분담금 문제를 해결하는 거야. 미국에 밀린 분담금을 하루빨리 내도록 요청해야 해. 회원국 사이의 분담금 비율에 문제가 있다면 새로운 비율로 조정도 해야겠지. 그래야만 유엔은 앞으로도 정부 간 국제기구의 대표 조직으로서 중요한 역할을 수행할 수 있을 거야.

원칙보다는 현실!

1994년 아프리카의 르완다라는 나라에서 대학살이 일어났어. 이 나라에서는 예전부터 후투 족과 투치 족 사이에 갈등이 있었어. 그러던 어느 날 후투 족 출신 대통령이 비행기를 타고 가다가 격추되어 죽자, 후투 족은 투치 족이 한 짓이라며 학살을 시작했어. 투치 족뿐 아니라 자신들에게 동조하지 않는 온건한 후투 족마저 죽였는데, 100여 일 동안 무려 80만 명이나 목숨을 잃었다는구나.

이렇게 끔찍한 일이 벌어지는 동안 유엔은 도대체 무엇을 했을까?

안전보장이사회는 어느 한쪽 편만을 들 수는 없다며 군사력 사용을 반대했어. 결국 유엔평화유지군이 파견되었지만 적은 규모의 평화유지군으로는 대규모 학살을 막을 방법이 없었지. 르완다 사람들은 유엔이 자신들의 생명을 지켜 주기를 기대했지만, 유엔은 그런 기대를 저버렸던 거야.

유엔은 왜 르완다 대학살을 막을 수 없었을까? 그건 자신들이 세운 원칙에만 너무 집착했기 때문이야. 침략 전쟁이 아닐 경우에는 강제 조치를 취할 수 없다는 원칙에만 매달리다가 군사 행동을 하지 못했지. 그럼 원칙보다 더 중요한 것은 무엇이었을까? 바로 현실이야. 수

많은 사람이 아무런 이유도 없이 학살을 당하는 바로 그 현실 말이야.

르완다 대학살은 유엔에게 무척 뼈아픈 경험이었어. 하지만 어쩌면 유엔에게 앞으로 풀어야 할 숙제를 던져 준 사건이기도 해. 앞으로 우리 인류에게는 르완다 대학살보다도 더 큰 문제가 생겨날지도 몰라. 그럴 때마다 책상에 앉아 이미 정해 놓은 원칙만 떠들어 댄다면 제2의 르완다 대학살을 막는 것도 불가능하겠지?

유엔이 '현실을 중요하게 여기는 태도'를 가장 중요한 '원칙'으로 삼는다면, 앞으로도 더 오랜 시간 동안 세계의 대표적인 정부 간 국제기구로서 그 역할을 계속 수행할 수 있을 거야.

참고 자료

단행본

김정태 지음, 《UN, IT'S MY WORLD: 유엔과 국제기구를 꿈꾸는 인재들을 위한 최신 유엔 가이드북》, 럭스미디어, 2010년.
남승희 지음, 《신문기사와 함께 국제기구 여행하기》, 아트하우스, 2012년.
린다 파슬로 지음, 김형준 외 옮김, 《유엔 리포트: 유엔 내부에서 바라본 유엔》, 21세기북스, 2011년.
마가렛 P. 칸스·카렌 A. 밍스트 지음, 김계동 외 옮김, 《국제기구의 이해: 글로벌 거버넌스의 정치와 과정》, 명인문화사, 2011년.
매기 블랙 지음, 추선영 옮김, 《유엔, 강대국의 하수인인가, 인류애의 수호자인가?》, 이후, 2012년.
박재영 지음, 《유엔과 국제기구》, 법문사, 2007년.
서창록 지음, 《국제기구: 글로벌 거버넌스의 정치학》, 다산출판사, 2004년.
얀 에겔란드 지음, 박현주 옮김, 《더 많이 구하라: 유엔 활동가가 본 밑바닥 10억의 삶》, 우리교육 검둥소, 2010년.
외교통상부 유엔과 국제기구 인사센터 지음, 《국제기구 진출 가이드북》, 외교통상부 유엔과 국제기구 인사센터, 2012년.
이스마엘 베아 지음, 송은주 옮김, 《집으로 가는 길》, 북스코프, 2007년.
이재기 지음, 《글로벌 금융 포커스》, 한울출판사, 2005년.
장 지글러 지음, 유영미 옮김, 《왜 세계의 절반은 굶주리는가?》, 갈라파고스, 2007년.
허은아 지음, 《메라비언 법칙》, 위즈덤하우스, 2012년.

인터넷 홈페이지

국제노동기구_ www.ilo.org
국제원자력기구_ www.iaea.org
세계보건기구_ www.who.int
세계식량계획_ www.wfp.org
세계은행_ www.worldbank.org
유네스코 한국위원회_ www.unesco.or.kr
유니세프 한국위원회_ www.unicef.or.kr
유엔_ www.un.org
유엔개발계획_ www.undp.org
유엔난민기구 블로그_ blog.naver.com/unhcr_korea
유엔환경계획_ www.unep.org

신문 기사

김상연, 〈'용'의 파격…한국계 김용 세계은행 총재 취임〉, 《서울신문》, 2012년 7월 2일.
김석훈, 〈UN 난민 '생생한 삶 이야기' 전시〉, 《뉴시스》, 2012년 6월 15일.
김흥순, 〈'유니세프 친선대사' 김연아, 난치병 어린이에 후원금 전달〉, 《아시아경제》, 2013년 1월 15일.
남정호, 〈지켜줘야 할 반기문 총장〉, 《중앙일보》, 2007년 12월 4일.
박진형, 〈구속력있는 수은 배출 제한 국제협약, 금주 타결 전망〉, 《연합뉴스》, 2013년 1월 14일.
신경립, 〈김용 총재 "세계은행, 부패에 무관용 원칙" 적용〉, 《서울경제신문》, 2013년 1월 31일.
윤지로, 〈"세계은행 빈곤구제 구호는 립서비스"〉, 《세계일보》, 2013년 1월 2일.
윤현, 〈'껍데기'만 남은 교토의정서, 2020년까지 연장〉, 《오마이뉴스》 2012년 12월 10일.
이병문, 〈진주에 '글로벌 사막화방지센터' 설립 추진〉, 《경남신문》, 2012년 8월 13일.
임재영, 〈제주 용머리해안에 기후변화홍보관 짓는다〉, 《동아일보》, 2012년 6월 21일.
장지태, 〈뱀머리돌고래 사인〉, 《부산일보》, 2013년 3월 15일.

영화

리들리 스콧 감독, 〈블랙 호크 다운〉, 2001년.
에드워드 즈윅 감독, 〈블러드 다이아몬드〉, 2006년.
테리 조지 감독, 〈호텔 르완다〉, 2004년.

국제기구 영문 이름

경제사회이사회 ECOSOC(Economic and Social Council)
국제개발협회 IDA(International Development Association)
국제금융공사 IFC(International Finance Corporation)
국제노동기구 ILO(International Labour Organization)
국제부흥개발은행 IBRD(International Bank for Reconstruction and Development)
국제사법재판소 ICJ(International Court of Justice)
국제연맹 League of Nations
국제올림픽위원회 IOC(International Olympic Committee)
국제원자력기구 IAEA(International Atomic Energy Agency)
국제전신연합 ITU(International Telegraph Union)
국제통화기금 IMF(International United Nations Monetary Fund)
국제투자보증기구 MIGA(Multilateral Investment Guarantee Agency)
국제형사재판소 ICC(International Criminal Court)
만국우편연합 UPU(Universal Postal Union)
북미자유무역협정 NAFTA(North American Free Trade Agreement)
세계무역기구 WTO(World Trade Organization)
세계보건기구 WHO(World Health Organization)
세계식량계획 WFP(World Food Programme)
세계유산위원회 WHC(World Heritage Committee)
세계은행그룹 WBG(World Bank Group)
신탁통치이사회 TC(Trusteeship Council)
안전보장이사회 SC(Security Council)
유럽 연합 EU(European Union)
유엔 UN(United Nations)
유엔개발계획 UNDP(United Nations Development Programme)
유엔교육과학문화기구 UNESCO(United Nations Educational Scientific and Cultural Organization)
유엔난민기구 UNHCR(United Nations High Commissioner for Refugees)
유엔아동기금 UNICEF(United Nations Children's Fund)
유엔아시아·태평양경제사회위원회 UNESCAP(United Nations Economic and Social Commission for Asia and Pacific)
유엔환경계획 UNEP(United Nations Environment Programme)
총회 GA(General Assembly)

글쓴이 강창훈

고려대학교 동양사학과를 졸업하고 같은 학교 대학원에서 중국사 전공으로 석사 학위를 받았습니다. 중국에서 2년 동안 공부했고, 오랫동안 역사책 기획 편집자로 일했습니다. 지은 책으로 『중국사 편지』, 『세계사 뛰어넘기』(공저), 『세 나라는 늘 싸우기만 했을까?』, 『왜 그렇게 생각해?』, 『티베트에서 만난 파란 눈의 스승』 등이 있습니다.

그린이 허현경

경영학을 공부했지만 그림이 좋아 일러스트레이터로 활동하고 있습니다. 잠깐씩 낯선 곳으로 떠나는 여행을 가장 좋아한답니다. 그린 책으로 『명절 속에 숨은 우리 과학』, 『즐거운 역사 체험 어린이 박물관』, 『외계인을 위한 지구 안내서』, 『펭귄도 모르는 남극 이야기』 등이 있습니다.

전쟁도 평화도 정치도 경제도 UN에 모여 이야기해 보아요

2014년 2월 21일 1판 1쇄
2022년 9월 23일 1판 5쇄

글쓴이: 강창훈 | 그린이: 허현경
편집: 최일주, 이혜정, 이현주 | 디자인: 권소연 | 교정: 한지연
제작: 박흥기 | 마케팅: 이병규, 이민정, 최다은 | 홍보: 조민희, 강효원
출력: 한국커뮤니케이션 | 인쇄: 코리아피앤피 | 제책: 경원문화사

펴낸이: 강맑실 | 펴낸곳: (주)사계절출판사 | 등록: 제406-2003-034호 | 주소: (우)10881 경기도 파주시 회동길 252 | 전화: 031) 955-8588, 8558 | 전송: 마케팅부 031) 955-8595 편집부 031) 955-8596 | 홈페이지: www.sakyejul.net | 전자우편: skj@sakyejul.com | 페이스북: facebook.com/sakyejulkid | 인스타그램: instagram.com/sakyejulkid | 블로그: blog.naver.com/skjmail

ⓒ 강창훈, 허현경 2014

값은 뒤표지에 적혀 있습니다. 잘못 만든 책은 구입하신 서점에서 바꾸어 드립니다.
사계절출판사는 성장의 의미를 생각합니다. 사계절출판사는 독자 여러분의 의견에 늘 귀 기울이고 있습니다.
이 책은 저작권법에 따라 보호받는 저작물이므로 무단전재와 복제를 금합니다.

ISBN 978-89-5828-710-0 73330
ISBN 978-89-5828-770-4 (세트)